한울 김준원 큰스승님 법문집(제1권)
# 한울, 세상을 열다

펴낸곳 · 여의 출판사

주소 · 서울시 서초구 서초동 1658-17 우정빌딩 3층

전자우편 · kj06101205@naver.com

카페 · 네이버에서 "여의명상센터"를 검색하세요

전화 · (02)588-7456

ⓒ 여의 2017

책값은 뒤표지에 있습니다.   ISBN 978-89-960242-6-2

파본은 구입하신 시점에서 교환해드립니다.

이 책은 저작권법에 의하여 보호 받는 저작물이므로 무단 전제와 복제를 금합니다.

# 한울, 세상을 열다

### 한울 김준원 큰스승님 법문집(제1권)

觀無見 김상국 엮음

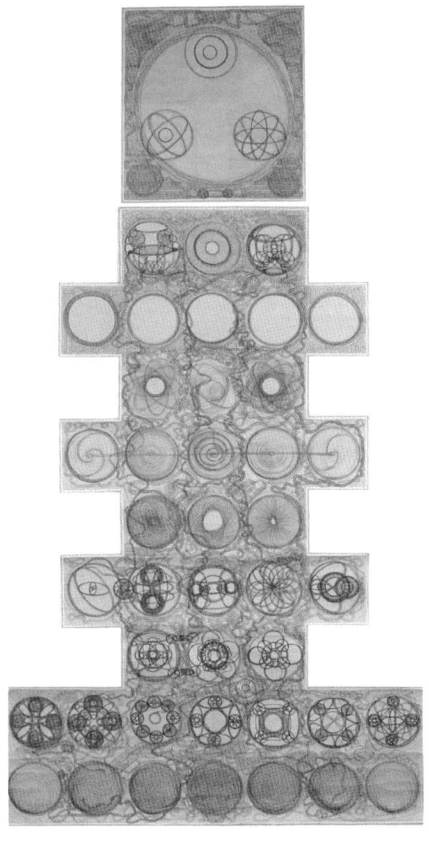

여의

한울 김준원 큰스승님 법문집(제1권)
# 한울, 세상을 열다

이 책은 **觀無見** 김상국 법사가 '한울 김준원 큰스승님'의 법문을 정리하여 엮은 책입니다. 이 책을 한울 김준원 큰스승님과 '참'을 찾는 모든 분들께 바칩니다.

한울사상 창시자 '한울 김준원 큰스승님'

한울사상 창시자 '한울 김준원 큰스승님(1944~2004)'께서는 기존의 사상과 철학과 종교의 틀을 뛰어넘는 절대 척도인 『한울사상』을 창시하여 제자를 지도하고, 새로운 도리로 세상을 설계하고 다스리는 인류 초유(初有)의 『세상제도』를 주도하셨으며, 여러 분야의 다양한 계몽활동과 봉사활동과 문화교류활동을 전개하셨다.

| 서문 |

> "왜 하늘을 가리려 합니까?
> 내 마음이 하늘과 통하면 하늘도 내 뜻을 따라줍니다."

 1985년 9월 21일, 부산 범어사 주변에서 점심식사를 하고 나온 나는 큰스승님께 우산을 받쳐드렸다. 그 순간 한울 큰스승님께서는,
 "우산을 접으세요. 왜 하늘을 가리려 합니까? 내 마음이 하늘과 통하면 하늘도 내 뜻을 따라줍니다."
 우산을 접은 나는 의문이 구름처럼 밀려왔다. '아니, 비가 오면 우산을 쓰는 건 당연한데 이게 무슨 말씀이지? 그리고 우산 쓰는 걸 가지고 하늘을 가린다? 게다가 하늘과 통하면 하늘도 당신의 마음을 따라 준다고?' 나는 대체 무슨 말씀을 하시는 지 알아들을 수가 없었다.
 그런 나를 보고 빙긋 웃으신 큰스승님께서는 잠시 동작을 하시며 氣운영을 하셨다. 물론 당시에는 그게 氣운영인지도 몰랐다. 그런데, '이게 무슨 조화란 말인가? 쏟아지던 비가 이내 멈추는 것이 아닌가!' 나는 넋 나간 표정으로 큰스승님을 바라보았다.
 그 순간 내 마음속에서는 엄청난 격동이 일고 있었다. '이게 대체 어찌된 일인가? 이게 어떻게 가능한 일인가? 어떻게 이런 일이 일어날 수 있단 말인가?'

큰스승님께서는 내 마음을 알아차리신 듯 빙긋 웃으시며 입을 여셨다.

"사람들은 만물이 각각 독립된 개체로 존재한다고 생각하지만 사실은 모두 이어져 있습니다. 따라서 상대와 진실로 통하면 조종이 가능해 집니다. 그건 사람이든 미물이든 자연이든 모두 마찬가지입니다."

"……!……"

대구로 돌아가시는 큰스승님을 배웅해 드리고 돌아오는 길에 깊은 생각에 잠겼다. 우선 오는 비를 멈추게 했다는 사실도 놀라왔지만 그보다 더 크게 내 마음을 울린 것은 사물을 바라보는 남다른 시각과, 스스로의 뜻을 구현해내는 실행 능력이었다. 비가 오면 피하거나 우산을 쓰는 것은 너무나 당연한 일이며, 나는 그때까지 그에 대해 의문을 가져 본 적이 없었다. 그런데 큰스승님께서는 대부분의 사람들이 별 의문 없이 순종하고 따르는 관습에 문제를 제기하셨던 것이다. 그리고 사물에 대한 깊은 이해와 통찰로 그것을 극복하고 다스리며 일깨워 주신 것이었다. 이야말로 '말'과 '씀'이 하나가 되는 진정한 '말씀'이 아닌가! 그날의 그 가슴 벅찬 감동이 오늘의 나를 있게 한 원동력이 되었다.

그날 이후, 나는 정말 행복하게도 큰스승님을 스승으로 모시고 수행에 전념했다. 20여 년 간의 수행은 그 무엇으로도 바꿀 수 없는 은혜와 감사 그 자체였다. 나는 영혼의 해방자를 만났고, 대 자유인을 만났으며, 무상한 깨달음의 표상을 만났고, 한울을 만났고, 우주를 만났다. 우주근원과 본질에서부터 우주만물에 이르는 '장대한 스케일'과,

동서고금(東西古今)에 통하지 않는 바 없는 '지고무상(至高無上)한 지혜'와, '말'과 '씀'이 하나 되어 '자유자재하는 실행력'을 바탕으로 하는 가르침은 들어가면 갈수록 경이로움을 금할 수가 없었다.

큰스승님께서 모좌에 드신 지도 어언 12년이 흘렀다. 그간 나는 큰스승님의 그 귀한 말씀들을 마음속에 담아두고 곱씹고 있었다. 하지만 이제 더 이상 마음에만 간직할 수 없어 여러모로 부족하나마 용기를 내어 법문집으로 엮기로 했다.

1990년도부터 2004년도까지 기록으로 남아있는 법문만도 약 천여 편에 달하는데, 이 책(제1권)은 1990년도부터 1995년도까지의 법문 중에서 발췌한 법문을 정리해서 엮었다.

법문 정리는 다음과 같은 기준으로 했다.
**첫째**, 구어체를 문어체로, 사투리는 표준어로 바꾸었으며,
**둘째**, 우주의 근본도리를 설명하기 위한 부호는 그대로 두고 설명을 더했고,
**셋째**, 보충설명이 필요한 부분은 주(註)를 달았다.

2권은 1996년도 법문부터 이어갈 예정이며, 2004년도 법문까지 계속할 계획이다.

법문집 출간을 위해서 애써준 도문 고종일님, 도정 김경욱님, 도봉 조주연님과 도제스님, 심정은님, 송은영님, 정현옥님, 장지원님, 한순상님과 나의 딸 김지혜 등 여러분께 감사드리며 특히, 정성을 다해

주신 이정인 편집장께 진심으로 감사드린다.

　애쓴 분들의 소중한 마음은 이 책을 통해 '참'을 찾는 분들의 마음속에서 진리의 싹으로 돋아날 것이라 확신한다. 아울러 이 책을 통해 독자 여러분의 마음이 열리고, 하늘이 열리고, 우주가 열리고, 아름다운 미래가 열리기를 진심으로 소망한다.

觀無見　김상국

차례

서문

1. 진정한 의미를 파악해야 한다     13

2. 사람이 행할 것은 사랑이다     33

3. 나무와 같이 서고 물같이 대하라     55

4. 여기서 돌아가도 좋습니다     71

5. 사물의 본질을 보아야 한다     93

6. 이제 스스로 깨달아야 한다     111

7. 영적 차원을 바꾸어야 한다     131

8. 氣의 생성과 운행원리     153

9. 현생에서의 육도윤회(六度輪廻)     189

10. 우주시대에는 우주○으로     207

11. 큰스승님과 나눈 법(法) 좌담     219

(부록 1) 한울 김준원 큰스승님의 깨달음과 세상제도     267
(부록 2) 한울 김준원 큰스승님의 어록. '참을 찾을 사고(思考)'     273

# 1

진정한
의미를
파악해야 한다

의미를 모르면 가치를 모르고, 가치를 모르면 사랑이 없어지고. 사랑이 없어지면 같이 할 수 없으니 버리고 마는 것입니다. 귀중하다고 생각하는 것은 의미 파악을 명백히 해야 합니다.

..........
일 시 : 1990년 7월 15일
장 소 : 경북 구미시 유학산수련원

## 우리는 모두 시각의 지평을 지니고 있다

밤하늘을 보면 별이 총총하게 있는데 어느 별이 가까운 별이고, 어느 별이 멀리 있는 별인지 모릅니다. 그 중에는 빛의 속도로 몇 만 년을 가고, 몇 십만 년을 가야 하는 별도 있고, 가까이 있는 것은 몇 분, 몇 초 만에 갈 수 있는 별도 있습니다. 그런데 왜 가깝고 멀게 안 느껴지고 똑같아 보일까요? 그것은 시각의 지평 때문입니다. 내가 갖고 있는 시각의 지평 너머에는 원근(遠近) 구분이 안 됩니다. 그것처럼 내가 생각하고 있는 사물에 대한 사고(思考)나 사상도 지평 너머에는 구분이 안 됩니다. 혹, 지금 나를 스쳐가고 있는 모든 사물들이 내가 생각하는 내 사상의 지평 너머에 있는 것은 아닐까요? 그렇다면 내가 온전하게 읽어 낼 수 있는 방법이 없을까요?

존재한다는 것은 서 있는 것입니다. 단, 서 있는 형태가 조금씩 다릅니다. 모든 것이 존재하는데 여럿이 함께 어울려 있습니다. 그래서 공존하고 있습니다. 공존한다는 것은 어떤 제한을 받고 있고 어떤 지평을 지니고 있다는 것을 의미합니다. 이 세상에 어느 나무도 영원히 자라는 나무는 없습니다. 어디까지는 자라지만 그 다음에는 어떤 힘의 제한을 받아서 더 이상 자라지 못합니다. 그 어떤 것도 영생하는 것이 없고 어느 한계에 이르면 반드시 죽습니다. 이러한 시각의 지평은 개체에 따라 모두 다릅니다. 파리의 경우는 약 50cm 정도입니다. 그래서 파리는 50cm 밖에 있으면 알아차리지를 못합니다. 시각의 지평이 갓난아이는 10m, 어른은 6~8km 정도라고 합니다. 자기중심에서부터 어느 한계에 이르면 제한선이 그어져서 자기를 중심으로 하나의 구(球)가 형성되고 있어 자기가 그 속에 있는 것이라고 할 수 있습니다. 그러므로 자기가 대하는 자기의 세계가 각각 다릅니다. 그렇게 각자마다 자기세계를 가지고 살아갑니다. 그런데 자기세계의 밖에는 외부 세계가 전부 자기세계를 형성한 지평에 비추어져 있습니다. 자기가 창조하는 자기세계 속에서는 자기가 어느 방향에 관심을 두느냐에 따라 자기의 세계가 다르게 열립니다. 내가 이 창을 통해서 보느냐, 저 창을 통해서 보느냐에 따라서 다르게 열립니다. 그렇다면 전체를 다 보려면 어떻게 하면 될까요? 자기가 비눗방울에 가두어져 있는 상황에서 전체를 다 보려면 비눗방울을 터뜨리는 수밖에 없습니다. 자기 것을 끝까지 지키고 있을 때는 자기가 보는 그 방향밖에 볼 수 없습니다. 그러나 비눗방울을 터뜨리면 우주의 모든 사물을 볼 수 있고 어울릴 수 있습니다. 그래서 마음의 문을 열라고 하는 것입니다. 쓸데없이 벽을 쌓지 말고, 쓸데없이 자기세계를 고집하지 말라고 하는 것입니다.

## 알은 알리고 얼은 어울리게 한다

자기세계의 지평인 비눗방울은 '알'과 같습니다. '알'은 알리고 '얼'은 어울리게 합니다. 다른 우주 사물들과 쉽게 어울리려면 자기 속에서 알알이 고집할 것이 아니라 얼이 밖으로 나와야 합니다. 그래야 우주만물과 어울릴 수 있습니다. 자신의 세계를 둘러싸고 있는 껍질을 깨고 나와서 우주의 모든 사물과 어울려야 합니다. 우리 인간은 자기에게 접해오는 모든 상황에 따라서 아주 고집스러울 때도 있고, 끊임없이 변화할 때도 있습니다. 여기서 내게 다가오는 대상에 대한 의미를 바르게 이해해야 합니다. 대상의 의미가 없어지면 그것을 버리고 말기 때문입니다.

나는 여러분에게는 스승이고, 나의 아내에게는 남편이며, 나의 아버지에게는 자식이고, 내 자식에게는 아버지입니다. 이렇듯 끊임없이 나의 존재는 의미와 이름을 달리합니다. 내 의미가 단순하게 하나로 존재하지 않고 수많은 의미를 동시에 가지면서 존재하고 있는 것입니다. 우리가 모든 사물에서 그 속에 숨겨져 있는 수많은 의미를 찾아내지 않는다면 다른 의미의 대상을 찾을 수가 없습니다.

옛날에 행자승이 어느 노스님에게 찾아가서 "불법이 무엇입니까?"라고 물었더니, 노스님이 "그걸 왜 알려고?" 하면서 들고 있던 지팡이로 행자승을 때렸습니다. 노스님이 계속해서 때리는데, 달려들어서 상대할 수도 없어 도망가니까 노스님이 따라오면서 또 때렸습니다. 한참 도망하다가 행자승이 문득 깨달았습니다. 무엇을 깨달았을까요? 지팡이가 매로 변한 것을 깨달은 것입니다. 지팡이가 매로 의미 변화를 하니까 도망가게 된 것입니다. 길에 개 한 마리 있는데 돌멩이로 개를 때리려고 합니다. 개가 생각하기를 길가의 돌멩이들은 다 개를 때리는 것이라고 생각한다면 그 개는 앞으로 길에 나오지 못할 것입니다. 여러분이 이 공부를 하면서 왜 이 공부를 해야 하는지 그 의미를 잃어버리면 공부는 여러분에게서 죽어버립니다. 의미를 모르면 가치를 모르고, 가치를 모르면 사랑이 없어지고, 사랑이 없어지면 같이 할 수 없으니 버리고 마는 것입니다. 귀중하다고 생각하는 것은 의미 파악을 명백히 해야 합니다.

## 내재해 있는 신성(神性)을 찾아내야 한다

우리 인간은 오랜 역사 속에서 우리가 살아가는 의미와 법칙을 발견해 왔는데, 그 중에 훌륭한 발견이라고 자처하는 것이 '평등', '자유', '인본' 등이라 할 수 있습니다. 그런데 나는 이것이 상당한 문제를 지니고 있다고 봅니다. 우선 우리는 진실로 평등할까요? 우리가 모두 인간의 몸을 지니고 있다는 면에서는 평등하다고 할 수 있을 것입니다. 그러나 각자 속에 내재되어 있는 의식이나 영혼까지도 평등할까요? 똑같이 인간의 몸을 가지고 있다고 해서 모두가 평등하다고 할 수 있을까요? 실제로는 평등할 수 없는 것을 평등하다고 하니까 문제가 되는 것입니다. 자유도 마찬가지입니다. 완벽한 자유란 자기가 완벽했을 때 누릴 수 있는 것입니다. 인간이 완벽해지지 않은 상태에서는 상당한 통제가 필요합니다. 자유라는 명분으로 중구난방이 되면 공동체의 질서를 이룰 수 없습니다. 인본주의는 세상 모든 것을 인간 위주로 생각합니다. 인간 위주로 생각하다보니 많은 문제점이 대두되었습니다. 인간 이외의 모든 것이 위기에 처하게 된 것입니다. 특히 자연을 다 망쳐놓고 있습니다. 인간이 자연을 훼손할 때는 간단하지만 다시 회복하려면 엄청난 시간과 노력이 필요합니다. 자연 훼손은 서양사상이 들어오면서 그 폐해가 더욱 심해지고 있습니다. 서양사상에서의 신은 유일신 외에는 없습니다. 그들에게는 오로지 유일신만이 신이고 다른 것에는 신이 없다고 봅니다. 신과 그 신을 따르는 인간만을 중시하는 유일신 사상이 자연을 크게 훼손하고 있습니다. 그에 비해 우리나라에서는 나무 한 그루에도 신이 있고, 돌 하나에도 신이 있다고 보았습니다. 그래서 나무 하나를 베고, 돌 하나를 옮기고, 물길을 낼 때도 경건한 자세로 대하며 자연과 어우러져서 살아왔습니다. 그러나 서양의 유일신 사상은 오로지 신과 인간밖에 없기 때문에 자연을 파괴해도 문제가 되지 않았습니다. 그 결과 지구 환경은 나날이 황폐해 가고 있습니다. 대자연을 살려내기 위해서는 대자연에 숨겨진 신성을 하루빨리 발견해 내야만 합니다.

## 인간은 정보의 수용체이다

우리의 내부에는 고귀한 신성이 깃들어 있습니다. 뿐만 아니라 우리는 우주의 모든 것을 수용할 수 있는 정보의 수용체이기도 합니다. 여기 난초가 한 포기 있습니다. 이 난초는 생존하기 위한 많은 정보를 가지고 있습니다. 생존하기 위해서는 어떤 꽃을 피워야 하고, 그 꽃을 수정하기 위해서는 어떤 곤충이 필요하다는 정보를 다 가지고 있습니다. 그런데 이 난초가 태양의 흑점에 관한 정보를 가지고 있을까요? 알렉산더 대왕의 정보를 가지고 있을까요? 칭기즈칸의 정보를 가지고 있을까요? 이 난초는 자기 한 개체를 유지하는데 필요한 정보만을 지니고 있습니다. 그런데 인간은 자기가 존재하는 데 필요한 정보 외에도 수많은 정보를 수집하고, 수많은 정보를 저장하고 있습니다. 우리 인간 속에는 역사, 전통, 음악, 미술, 무용, 멋, 자연과학, 인문과학, 사회과학, 소크라테스, 히틀러, 별별 것들이 다 들어와 있습니다. 내가 인간에게 중심을 두고 있는 이유는 인간은 수많은 정보를 수용할 수 있는 '정보의 수용체'이기 때문입니다.

생명체가 자기 분화하는 모습을 봅시다. 우리 인간은 100조 개의 세포로 이루어져 있는데, 하나의 수정란에서 시작해서 수많은 세포로 이루어진 몸이 형성됩니다. 세포가 똑같은 정보를 나누어가면서 세포분열을 해서 우리 몸이 되었습니다. 세포들은 서로의 역할이 달라서 어떤 것은 뇌세포가 되어 두꺼운 두개골 안에 있고, 어떤 것은 발가락 세포가 되어서 부지런히 걸어 다닙니다. 역할은 각각 달라도 근본은 하나에서부터 똑같이 정보를 나누어가면서 형성됩니다. 그것처럼 이 우주가 절대성인 '하나'로부터 출발했다면 그것이 나무가 되었든, 돌이 되었든, 풀벌레가 되었든, 바닷물이 되었든, 공기가 되었든, 이슬이 되었든, 나뭇잎이 되었든 그 각각의 내면에는 절대성이 들어있습니다. 신성이 없을 수가 없는 것입니다. 이렇게 하나에서부터 분화되어 온 모든 사물들의 신성을 인정하고 경건하게 상대해 줄 때, 우리는 이 자연과 더불어 서로 평화롭게 살 수 있습니다. 각자에게 내재되어 있는 이 신성을 무시했을 때, 인간은 오만해져서 주위의 것을 파괴하고 자기를 위해서 희생시키게 됩니다. 우리는 우주만물 속에서 신성을 찾아내야 합니다. 저기 쌓여있는 돌에서 신성을 찾아내고, 저 나무에서 신성을 찾아내야 우리는 이 자연계와 더불어 평화롭게 존재할 수 있습니다.

## 우리는 계시의 수신자에서 창조자가 되어야 한다

한 가정이 잘되어 나가려면 어떻게 해야 할까요? 아버지보다 더 훌륭한 아들이 나오고, 아버지가 못 이루었던 것을 아들 대에서 이루어 나가고, 아들보다 더 훌륭한 손자, 더 훌륭한 후손이 계속 나면 날수록 그 집안은 잘 되는 집안입니다. 그렇지 못하고 할아버지가 이룩한 것을 아버지가 반 잃고, 아버지가 절반 남겨 놓은 것을 그 아들이 나서 또 반을 잃고, 그 밑에 손자가 나서 다 잃으면 집안은 망하게 됩니다. 사상도 마찬가지입니다. 과연 지금까지 우리는 잃고 살았을까요? 보태고 살았을까요? 지금도 2000년 전, 2500년 전의 경전을 펼쳐놓고 해석에만 급급해 한다면, 수 천 년 동안 우리는 무엇을 한 것일까요? 그분들이 못다 했던 가르침을 보완해서 완성시켜야 하는데, 해석에만 매달리고 있다면 그것은 퇴보하고 있는 것입니다. 오늘날의 인류는 붓다, 예수보다 2000년, 2500년을 더 진화해 있는 영혼을 갖추고 있어야 합니다. 그래야 우리 인류의 밝은 미래가 보장됩니다. 선조들이 못 이룬 것을 이루는 것이 후손이 해야 할 일이고, 그것이 선조에 대한 진정한 효도입니다. 그러므로 우리는 이제 단순한 계시의 수신자가 아니라, 그 계시를 바탕으로 새로운 계시의 창조자가 되어야 합니다. 그러려면 수행을 바르게 해야 합니다. 수행을 바르게 하려면 수행자의 자질을 갖추어야 합니다. 나는 공부를 할 수 있는 사람이 따로 정해져 있다고 생각하지는 않지만, 다음과 같은 잘못된 성품을 고치지 않는 사람은 공부를 제대로 하기 어렵다고 봅니다.

**첫째**, 도리에 맞지 않는 허망한 것을 쫓아다니는 사람.
**둘째**, 부질없는 것을 잡고 놓지 못하는 사람.
**셋째**, 의문을 갖고서도 답을 구하지 않는 사람.
**넷째**, 기운이 혼탁하고 조급한 사람.
**다섯째**, 모든 것을 의미 없게 스쳐 보내는 사람.
**여섯째**, 자기 몸과 재물에만 급급해 하는 사람.
**일곱째**, 새로운 변화를 두려워하는 사람 등입니다.


## 종교(從敎)가 되어서는 안 된다

우리는 사람들을 대롱대롱 매다는 종교(從敎)가 되게 해서는 안 됩니다. 종교의 본래 의미는 '정상에 오르게 하는 올바른 가르침'입니다. 그런데 현재의 많은 종교 단체들은 정상에 이르도록 가르쳐 주지 않습니다. 사람들을 전부 종교체제에 대롱대롱 매달아 그 이상 가면 안 되도록 만들어 놓았습니다. 그래서 종교가 영적 수준이 낮은 사람에게는 상당한 위안이 되었지만, 영적 수준이 높은 사람에게는 오히려 지장이 되기도 했습니다. BC 30C 경부터 지어진 피라미드는 천문과 수학적 원리가 그대로 담겨 있습니다. 피라미드의 둘레를 지구의 둘레로, 피라미드의 높이를 지구의 반지름으로 생각하면 그 비율이 정확하게 맞아 떨어집니다. 원주율($\pi$) 뿐만 아니라 인류가 가장 아름답다고 여기는 황금비율까지 담고 있습니다. 그때 이미 그런 큰 지혜를 가지고 있었는데, 부처, 노자, 예수 등의 성인이 난 후에는 더 이상 이야기하면 안 된다면서 지혜의 연속성을 다 잘라놓고 퇴보시켰습니다. 만약에 그때의 그 지혜를 그대로 살려내었다면 중세에 우리는 벌써 외계를 개척해서 우리가 살아갈 터전을 마련했을지도 모릅니다. 그런데 그릇된 종교가 오히려 지혜의 눈을 뜰 수 없게 해놓은 것입니다. 이제 우리는 모두 진리의 눈을 떠야 합니다.

과거 부처님은 우주의 본질이 공(空)이라는 것을 깨달았고, 노자는 이 우주를 무위자연(無爲自然)의 '도(道)'로 이야기했고, 예수는 모든 것은 절대의지에 의해서 창조되었다고 얘기했습니다. 부처, 노자, 예수 이분들이 만약에 지금 이 시대에 나서 설법을 한다면 과연 어떻게 얘기할까요? 그분들이 지금 이 시대에 났다면 옛날과 같은 그런 설법을 하지 않고, 이 시대의 축적(蓄積)된 보다 많은 정보를 바탕으로 설법했을 것입니다. 동양사상에서는 우주를 천지인(天地人)이라는 삼재(三才)로 표현하면 충분했습니다. 그러나 현대에는 그것만으로는 설명이 안 됩니다. 하늘과 땅 사이에는 인간만 있는 것이 아니라 온갖 것들이 다 있습니다. 하늘도 여러 층으로 나눠지고, 땅속도 여러 층으로 이루어져 있습니다. 그래서 우리는 이 우주라는 것을 깨닫기 위해 많은 노력을 해야 합니다. 우선 잘못된 시각을 고쳐야 하고, 좁은 시각을 열어야 하며, 의식을 넓혀서 우주로 나아가야 합니다. 그래서 내가 권하는 것이 있는데 **첫째**, 어떠한 종교(宗敎)도 종교(從敎)로 믿어서는 안 되고, **둘째**, 어떤 직업이라도 천직이라 생각하지 말고 무한한 가능성을 갖도록 하며, **셋째**, 만약에 똑같은 효과를 거둘 수 있다면 굳이 어려운 길을 선택하지 말라는 것입니다.

## 우리는 모두 의미의 제공자인 동시에 의미의 수신자의 관계로 살아간다

어떤 소녀가 길을 가다보니까 꽃이 피어 있었습니다. 소녀가 그 꽃을 가슴에 달자 꽃이 장식물이 되었습니다. 나비가 날아와서 꽃의 꿀을 빨아먹었습니다. 그 꽃은 먹이가 되었습니다. 개미들이 진딧물을 싣고 올라갑니다. 개미에게는 그 꽃이 통로의 역할을 했습니다. 같은 꽃인데 소녀에게는 장식물이 되고, 나비에게는 먹이가 되고, 개미에게는 통로가 된 것입니다. 소녀가 나비와 개미를 전혀 고려하지 않는다면 그 꽃은 장식물밖에 되지 않습니다. 소녀가 나비를 동참시킨다면 먹이의 역할까지 되고, 소녀가 개미까지 동참시켜 주면 꽃은 통로까지 됩니다. 그러므로 자기가 부여하는 의미에 제한을 두지 않아야 합니다. 의미를 부여하여 대자연을 다 동참시켜야 합니다. 그러면 상대는 무한한 의미로 살아나게 됩니다. 우리는 모두 의미의 제공자인 동시에 의미의 수신자의 관계로 살아갑니다. 의미 변화는 아주 중요합니다. 내가 주는 무한한 의미, 그리고 다른 것들이 주는 무한한 의미는 서로를 살아나게 합니다. 그러니 모두 마음의 문을 열어야 합니다.

제주도의 천지연 폭포에는 천연기념물로 지정된 무태장어가 있는데, 이 무태장어는 필리핀에 있는 민다나오 해역까지 가서 알을 낳습니다. 그런데 어미가 그 알을 부화시켜서 데리고 오는 것이 아니라 알을 낳고 나면 어미는 그곳에서 죽습니다. 알에서 부화된 장어는 처음에는 댓잎장어라고 하는데, 대나무 잎처럼 생겨서 바다에 떠다닙니다. 그렇게 변화하면서 자기 어미가 살던 곳인 천지연 폭포로 옵니다. 어미는 알을 낳은 후 죽어버리고 없는데 어떻게 길을 찾아 올 수 있을까요? 거기에는 우리 인간이 생각하는 개념의 지각(知覺) 표지가 있는 것이 아닙니다. 어떤 의미를 가지고 어떤 의미 표지로 무태장어는 필리핀 해역에서 어미가 살던 천지연폭포로 가고, 철새는 어디로 날아가고 어디서 날아오는 것일까요? 그것을 알고 싶어 해야 하고, 알려고 노력해야 합니다. 그래야 대자연과 다양한 의미를 가지고 두루 통하게 됩니다. 흔히 사람들은 무태장어가 저 필리핀 해역으로부터 난류를 타고 올라온다고 생각합니다. 우리나라 쪽으로 오는 '리만 난류'가 있는데, 이 난류를 타고 올라온다고 합니다. 그렇다면 리만 난류가 넓게 오는데, 어찌 천지연 폭포 쪽으로만 쏙 들어갈 수 있을까요? 난류를 타고 오는 것이 아니라 그들만이 알 수 있는 지각이 있는 것입니다.

연어를 대양에 내보내줬더니 몇 년간 돌아다니다가 자라서 자기가 살던 곳으로 되돌아옵니다. 그들만이 알 수 있는 지각이 있는 것입니다. 그들은 무엇을 통해서 아는 것일까요? 우리가 이걸 제일 먼저 경험하는 것이 '**자동동작**[1]'입니다. 눈에 보이는 것이 아무 것도 없는데 자동동작을 해보면 눈에 보이지 않는 거기에 길이 있음을 알 수 있습니다. 그런 자동동작을 하면서도 어떤 사람은 큰 감동을 받는데 어떤 사람은 아무런 감응이 없습니다. 우리는 작은 변화도 놓치지 않아야 합니다. 뉴턴이 만유인력을 발견하기 전에도 사과는 수없이 떨어졌었습니다. 그런데 다른 사람들은 사과가 땅으로 떨어지는 것이 당연하게 생각하는데 뉴턴은 달리 생각을 했던 것입니다. '사과가 왜 아래로 떨어질까? 왜 위로는 안 떨어질까?' 이 생각에서부터 '만유인력(萬有引力)'이라는 큰 법칙을 발견하게 되었던 것입니다. 그것으로부터 고전물리학이 성립되었습니다.

일직선상에 놓고 생각하던 데서부터 **곡률**[2](曲律)이라는 것을 도입해서 나온 것이 아인슈타인으로부터 비롯된 현대물리학입니다. 부처님이 얘기했던 인과율적인 대습(代襲)은 인간의 영혼에 하나의 큰 획을 그어주었습니다. 모든 것이 원인과 결과가 있습니다. 뉴턴이 만유인

---

1. 자동동작 : 내부의 氣와 외부의 氣가 불균형 상태에 있을 때, 스스로 조화와 균형을 이루기 위해 발생하는 氣의 이동 현상을 몸짓으로 표현하는 것. 자동동작을 하는 것은 자율적이고 자동적이며 자연스럽게 운행되는 우주자성의 氣를 체험, 체득하여 도리에 맞게 쓰기 위함이다.

2. 곡률(曲律) : 곡선 또는 곡면의 휨 정도를 나타내는 변화율. 곡선 위의 점 P가 곡선을 따라 일정한 속도로 움직일 때, 그 진행 방향은 이동한 거리(곡선의 호의 길이) s에 따라 변화하는데, 이때의 변화율을 곡선의 곡률이라 한다.

력을 발견한 것처럼 말입니다. 만유인력을 인정하면서도 그 위에 곡률이라는 것을 도입해서 상대성 이론을 전개한 아인슈타인이 있듯이, 부처님은 인과율로서 한 획을 그었던 것입니다. 오늘날 나는 그 위에 '장(場. Field)'이라는 개념을 넣어서 이 시대에 또 하나의 사상의 획을 긋고 있습니다. 나는 나 이후에 누군가가 또 다른 사상의 획을 그어 주길 진심으로 바랍니다.

### 모든 것에 뚜렷한 의미를 파악하라

이 우주에는 두 가지의 커다란 기운이 있습니다. 하나는 살아나게 하는 기운이고, 다른 하나는 죽게 하는 기운입니다. 우리가 살아 있음으로써 생기는 모든 현상은 죽음에 대항하는 노력의 총화(總和)입니다. 생명현상이라는 것은 단적으로 죽음에 대항하는 모든 노력의 총화라 할 수 있습니다. 그 노력의 총화가 깨지면 죽게 됩니다. 씨를 남기려는 이유는 영원히 살지 못하기 때문입니다. 하루살이가 성충이 된 후에는 하루밖에 못 삽니다. 성충이 되기 전에 몇 년 동안 애벌레로 있다가 성충이 되어서는 하루 만에 죽습니다. 성충이 되자마자 바쁘게 하는 일이 교미를 하고 알을 낳는 일입니다. 성충이 되었다는 것은 지금까지 애벌레로 있다가 이제 죽음이 다가왔으므로 다음 세대를 남겨주고 죽음으로 가기 위해 옷을 갈아입는 것입니다. 우리가 보기에는 매미의 날개가 너무 아름다워 보이지만 실은 수의(囚衣)로 갈아입는 것입니다. 그렇게 아주 바쁘게 씨를 전하고 있는 것입니다. 한 개체로서 영속을 못하니까 씨를 만들어서 전하는 것입니다. 성인들이 큰 깨달음을 남기는 이유는 영생을 하지 못하기 때문입니다. 그렇다면 우리는 어떤 정보로 남겨야 할까요? 세포가 분화를 해나가는데, DNA가 나누어지면서 똑같이 복제를 해내야 합니다. 그런데 어떤 것이 자칫 잘못해서 하나의 정보를 오류로 만들면 그 잘못된 정보가 전해지게 됩니다. **다운증후군**[1]은 염색체의 하나의 정보가 이상이 생긴 것인데, 이런 예가 유전되는 중에 수없이 많습니다. 우리가 진리를 전할 때 잘못된 정보를 전하면 나중에 암과 같이 됩니다. 그러므로 잘못된 정보가 계속 복제를 하도록 해서는 안 됩니다. 바르게 공부하는 사람에게 바른 이치를 바르게 전해야 합니다. 그렇지 않고 함부로 마구 펼쳐 놓으면 암세포와 같이 되고 맙니다.

우리는 정말 가치 있는 것이 무엇인지를 알아야 합니다. 예를 들어 아주 위급한 상황이 발생하면 도망을 가야합니다. 도망가기 전에는 짐을 챙기게 됩니다. 한 보따리 챙겨서 도망가다가 다급하면 어쩔 수 없이 가지고 있던 짐을 버려야 합니다. 쓸데없는 것부터 버려 나가다가 나중에는 몸만 남게 됩니다. 그러다 옷도 거치적거리면 벗어버리고, 그래도 저항이 걸리면 머리카락도 잘라냅니다. 그렇게 하나하나 버려 나가다 보면 최후에 무엇이 남을까요? 자기의 영혼만 남게 됩니다. 제일 마지막까지 남기는 것이 가장 귀하다고 여기는 것입니다. 그것을

---

1. 다운증후군 : 다운증후군은 가장 흔한 염색체 질환으로 21번 염색체가 정상인보다 1개 많은 3개가 존재하여 정신 지체, 신체 기형, 전신 기능 이상, 성장 장애 등을 일으키는 질환이다.

안다면 우리는 똑같은 시간과 똑같은 노력을 어디에 투자해야 할까요? 제일 귀한 데에 투자하는 것이 당연한 것 아닐까요? 우리는 이 세상 모든 것을 '탈것'으로 삼아야 합니다. 그래서 자기의 영혼이 이 세상을 온전하게 타고 쓸 수 있도록 해야 합니다. 그런데 거의 대부분의 사람들이 반대로 이 세상의 어떤 것을 위하여 자기 영혼을 씁니다. 지금 이 시대는 눈만 뜨면 아주 싼값으로 좋은 정보들을 얼마든지 구할 수 있습니다. 그런데도 스스로 눈을 감고 있습니다. 아이를 보고 대낮에 "별이 떴느냐?"라고 물으면 "별 안 떴어요."라고 대답합니다. 별이 안 뜬 것이 아니라 아이의 눈에는 태양빛 때문에 다른 별들이 안 보일 뿐입니다. 마찬가지로 우리는 어느 하나만 들여다보는 좁은 시각을 버려야 합니다. 태양이 자기의 빛을 스스로 감추는 밤하늘에는 수많은 별들이 총총히 떠 있습니다. 그 중에는 태양보다 천 배, 만 배 더 밝은 것도 있습니다. 우리는 세상을 좁은 실눈을 뜨고 보고 있습니다. 눈을 크게 뜨고 마음을 넓게 가지고 바라보아야 비로소 전체를 볼 수 있습니다.

세상에는 두 기운이 서로 어울리면서 돌아가고 있습니다. 자기 자신을 죽이려고 하는 기운과 살아나가려고 하는 기운이 어우러져 자기의 세계를 이루고 있는 것이 있는데, 그것이 바로 '알'입니다. 그 알의 외부에는 우주의 모든 사물이 그 알에게 자신을 알려주려고 지키고 서 있습니다. 외부세계가 지켜보고 있는데, 안에서 눈을 뜨지 못하고 있는 것입니다. 자기가 보는 창문은 자기가 보는 관점에 따라 한쪽 면만 보이고, 관점의 반대쪽 면은 보이지 않습니다. 그러므로 안에서 밖을 볼 때 동시에 다 볼 수는 없습니다. 그러면 어떻게 하면 동시에 다 볼 수 있을까요? 여기에 커다란 공이 하나 있는데, 이 공 안에 들어 있는 알맹이가 작으면 공을 흔들 때 딸랑딸랑 소리가 납니다. 공 안에 있는 알맹이가 공만큼 커지면 그는 외부하고 전부 닿게 됩니다. 이렇게 스스로 커져서 다 닿으면 동시에 모든 것과 통할 수 있습니다. 공부를 하려면 스스로 커야 이해도 되고 사랑도 할 수 있습니다. 자기가 작으면 소리만 요란합니다.

　어떤 때는 살아 있는 유기적인 나와 기계적인 나의 구분이 애매할 때가 있습니다. 예를 들어서 종에서 소리가 나게 하려면 흔들어 주면 됩니다. 종을 흔들지 않고 종에 대고 고함을 지른다든지, 화학 물질을 바른다든지, 위협을 한다든지 하면 그 종은 소리를 안 냅니다. 그러나 생명체는 고함을 지르면 반응을 합니다. 찌르면 '윽'하고 반응합니다. 생명체는 여러 가지 다양한 자극에 대해서 반응을 하는 것입니다. 우리는 다양한 자극을 받아들여서 수용해 나갈 수 있는 생명체입니다. 우리가 살아있다는 증거는 수없이 전해오는 자극을 받아들이면서 반응한다는 것입니다. 이 대자연은 어떤 의지에 의해서, 목적에 의해서 모여지고, 그 목적이 끝나면 흩어지는 이합집산(離合集散)의 과정을 밟습니다. **끈적균(slime mold)**[1]이라는 것은 먹이가 있을 때는 아메바 운동을 해서 먹이를 감싸서 먹습니다. 그러다가 어느 자리에 서면 굳어집니다. 그러면 또 다른 끈적균이 그 위에 올라타서 먹이를 잡

---

1. 끈적균(slime mold) : 일생의 일부는 식물로 살고 일부는 곰팡이처럼 살아간다. 끈적균은 분명히 곰팡이가 아니지만 전통적으로 곰팡이학자들에 의해 연구되어 왔기 때문에 곰팡이학에서 다룬다.

아먹고, 그러고 나면 그도 역시 굳어져 버립니다. 그렇게 하다가 마지막에 올라 탄 것이 자실체(字實體)가 되고 그 안에서 홀씨가 발아(發芽)합니다. 그 홀씨는 바람에 날아가서 어딘가에 떨어져 다시 아메바 운동으로 이동하며 먹이를 잡아먹습니다. 홀씨가 날아간다는 것은 식물의 속성이고, 아메바 운동을 한다는 것은 동물의 속성입니다. 끈적균은 식물과 동물의 경계선을 자기의 필요와 목적에 따라 자유자재로 왔다 갔다 합니다. 아메바 운동을 할 때는 먹이라는 목적 지표가 있었는데, 그 다음에 그 먹이가 해결되고 나니까 이번에는 이동해야 합니다. 어디론가 이동하려고 하니까 바람을 써야 합니다. 바람을 쓰려고 하면 그 바람에 맞는 구조를 만들어야 합니다. 거기에는 이동이라는 목적 지표가 있습니다. 목적이 바뀐 것입니다. 의미가 바뀐 것입니다. 목적이 바뀌니까 동물에서 식물로 엄청난 변화를 합니다. 우리가 이 대자연에 대한 의미를 파악하지 못하면 있어도 없는 것과 같습니다. 그러므로 우리는 모든 것에 대한 뚜렷한 의미를 파악해야 합니다.

# 2

사람이
행할 것은
사랑이다

완벽한 열반. 완벽한 평화. 어떤 마찰도 없는 그런 세계가 있을 수 있을까요? 그런 세계는 존재하지 않습니다. 그런 세계는 존재할 수가 없습니다. 왜냐하면 마찰과 저항이 없으면 그 어떤 것도 존재할 수 없기 때문입니다.

..........
일 시 : 1993년 1월 30일
장 소 : 대구 본원
배 경 : '스승과의 만남' 개회식에서 주신 말씀

## 1. 개회식에서 주신 말씀
: 공부의 목표는 지혜를 바탕으로 하는 사랑이다

　완벽한 열반, 완벽한 평화, 어떤 마찰도 없는 그런 세계가 있을 수 있을까요? 그런 세계는 존재하지 않습니다. 그런 세계는 존재할 수가 없습니다. 왜냐하면 마찰과 저항이 없으면 우리가 존재할 수 없기 때문입니다. 부처님이 얘기했던 열반의 세계는 참으로 그렇게 되고 싶어 하는 가상의 세계라고 생각합니다. 한번 생각해 봅시다. 이를테면 나에게 갑자기 어떤 마찰도 없게 된다면 우선 안경을 쓰고 있을 수가 없습니다. 안경은 마찰에 의해서 걸려 있는데 마찰이 없으면 줄줄 흘러내려 버립니다. 옷도 입고 있지를 못합니다. 앉아 있지도 못합니다. 한 자리에 앉아 있을 수 있는 것도 마찰이 있기에 가능합니다. 모든 것은 마찰이 있고 갈등이 있고 벽이 있고 경계가 있기 때문에 존재할 수 있습니다. 그러한 경계를 우리가 잘못 이해하고 서로 잘 조정하지 못하면 문제가 생기게 됩니다. (분필로 커다란 원을 그려 놓고 나서) 가령 내가 "이 안에는 들어오지 마!" 이러면 다른 사람들은 비좁아서 대단히 불편하게 됩니다. 그것은 경계를 잘못 정한 것입니다. 경계를 잘못 정했기 때문에 누군가에게 고통을 주는 것입니다. 그렇게 하지 말고 서로 간에 적절하게 배분해야 합니다. 또 자기는 최대한 양심적으로 조그맣게 경계를 정해 놓고 있는데, 남이 자기의 경계를 마구 침범해 들어오면 불안해지고 고통스럽게 됩니다. 그러니 우리는 남의 경계를 침범하지 말아야 합니다. 이런 것이 조화이지 틀린 것이라도 무조건 꿰맞추고 보자는 것은 조화가 아닙니다. 맞추려고 하는데 잘 안 맞는다면 적당한 상태로 두는 것이 조화입니다. 조화라는 것을 억지로라도 맞추는 것이라고 생각하기 쉬운데 맞추어서 좋을 것은 맞추고, 빼내야 좋을 것은 빼놓자는 것입니다. 그것이 진정한 조화인 것입니다.

 나는 이런 생각을 해봅니다. 만약에 이 세상의 일들이 너무도 쉬워서 한 번만 해보면 완벽하게 척척 할 수 있게 되어버린다면 세상 살 재미없다고 자살을 할지도 모릅니다. 복지정책이 완벽하게 되어버리면 그 사회는 활력을 잃어버리고 맙니다. 의지라는 것은 이해하기가 참 힘이 듭니다. 예를 들어서 난자가 서서히 좌회전을 하며 정자를 끌어들이면, 정자는 우회전을 하면서 난자를 찾아갑니다. 그럴 때 둘 사이의 작용을 단순한 물리작용이라고 볼 수도 있고, 둘 사이에서 일어나는 의지작용으로 볼 수도 있을 것입니다. 그때 난자가 어떤 의지를 가지고 "정자야 이리 오너라."라고 할까요? 우리는 그런 작용 전체를 하나의 거대한 의지작용이라고 볼 수도 있습니다. 예를 들어 '태양 주위를 지구가 돈다면 이 지구에 의지작용이 있느냐 없느냐?'는 의지작용이라고 할 수도 있고, 의지작용이라고 하지 않을 수도 있습니다. 나는 이 우주 전체가 하나의 거대한 의지체라고 봅니다. 때문에 그 안에 들어있는 모든 것은 의지라고 봅니다. 다만 우리가 뇌에서 생각하듯이 정보를 이렇게 조립하고, 저렇게 조립해서 이렇게 내놨다가 저렇게 내놨다가 하는 것이 아니라 아주 자연스럽게, 정말 자연스럽게 본능적으로 돌립니다. 본능이란 대단한 능력입니다. 본래부터 갖고 있던 능력입니다. 그것이 어떤 능력이냐? 지구가 태양의 주위를 돈다는 것은 본능적인 것입니다. 난자가 좌회전을 하면서 정자를 받아들일 수 있는 것 역시 본능적입니다. 그래서 우리가 광의의 해석을 내리느냐 협의의 해석을 내리느냐에 따라 의지라 할 수도 있고, 의지라고 하지 않을 수도 있습니다.

제자 : 그렇다면 그 의지를 우리가 조절하는 것이 가능합니까?

큰스승님 : 가능하지만 거기에는 법칙이 있습니다. 그것이 가능하기 때문에 여러 가지 실험을 해보고, 또 여러 가지 시도도 했고, 그래서 그 결과를 우리가 볼 수 있었습니다. 다만 아무나 생각만 하면 바뀌느냐? 그건 아닙니다. 거기에는 법칙이 있습니다. 그런데 법칙만 있으면 다 되느냐? 아닙니다. 거기에는 정성이 있어야 됩니다. 이 우주에는 두 개의 축이 있는데, 하나는 무한히 확대할 수 있는 '이성의 축'이

고, 또 하나는 무한히 축소할 수 있는 '정성의 축'입니다. 이성의 축은 응축되어 있는 정보를 무한히 밖으로 확대할 수 있는 힘이고, 정성의 축은 확대되어 있는 것을 작은 씨앗 안으로 밀어 넣고 응축할 수 있는 힘입니다. 이 둘이 태극처럼 어우러져서 이 우주가 존재하는 것입니다. 작게 응축되어 있는 것이 펼쳐져 나가는 세계를 엔트로피 증가계라 하는데, 펼치면 펼칠수록 많은 질서를 필요로 하게 되고, 그 많은 질서를 유지하려면 또 많은 힘을 쓰고 있어야 합니다. 아무런 질서가 없으면 아무런 힘을 쓸 필요가 없습니다. 그래서 펼쳐내서 질서를 유지하는 것보다 응축해 들어가는 것은 많은 힘을 필요로 하지 않습니다. 내가 주머니에 들어있는 것을 내놓을 때는 하나하나 펼쳐놔야 이해할 수 있습니다. 그러나 널려있는 것들을 어디로 가져가려 할 때는 보자기에 한꺼번에 싸면 됩니다. 무엇을 밑에 놓고 무엇을 위에 놓든 관계없이 한 곳에 다 넣을 수 있습니다. 거기에는 많은 질서를 필요로 하지 않습니다. 즉, 많은 에너지를 쓸 필요가 없는 엔트로피 감소계가 됩니다.

하나가 규칙의 세계라면 다른 하나는 불규칙의 세계입니다. 하나가 질서의 세계라면 다른 하나는 혼돈의 세계입니다. 하나가 주기적인 세계라면 다른 하나는 비주기적인 세계입니다. 하나가 확실한 세계라면 하나는 불확실한 세계입니다. 이 둘이 어우러져서 이 우주를 짜나가고 있는 것입니다.

요즘 대두되고 있는 '카오스 이론'은 상당히 각광을 받고 있고, 많은 사람들이 그쪽으로 관심을 두고 있습니다. 우리 계시록에 보면 '사람들이 이 우주를 이해하기 위해서 무한히 쪼개어 보는데, 쪼개기만 해서는 안 되며, 쪼개는 동시에 통합할 수 있어야 전체를 볼 수 있다.'라고 되어 있습니다. 고전 물리학은 분석적입니다. '어디에서 어디까지', '이렇게 되면 이런 현상이 나타나고 어떻게 되고…' 이가 딱딱 맞아집니다. 그런데 카오스 이론은 그렇지 않습니다. 여러 사람이 앉아서 담배를 피우는데, "너는 동그라미 내고, 너는 삼각형 내고, 너는 사각형 내라." 이게 안 됩니다. 또 담배를 피우면 연기가 가득 차는데 저 사람 연기는 '이리 가다가 저렇게 갈 것이고, 저 사람 연기는 이쪽으로 이렇게 갈 것이다.'라고 예측할 수가 없습니다. 무질서하기 그지없습니다. 기분에 따라서 확 퍼지기도 하고 동그랗게 빠끔빠끔 나오기도 할 것입니다. 어떻게 나올지 아무도 상상할 수 없습니다. 태풍이 어디로 이동할지 여러 가지 정보를 종합한다 해도 정확하게 파악하지 못하고 그저 유추할 뿐입니다. 폭포가 떨어지는데 그곳에 커다란 빵을 하나 던지면 이것이 떨어져서 어느 방향으로 어떻게 갈 것인지 미리 알 수가 없습니다.

   그런데 요즈음은 컴퓨터가 보편화되어 성능 좋은 컴퓨터로 종합, 분석해 나가다보니 아주 간단한 방정식을 가지고 파악할 수 있는 '**프랙탈(fractal)**[1]'이란 것이 성립되었습니다. 어느 한 부분을 계속해서 확대해 나가니까 무질서하게 계속 변하던 것이 처음의 모양으로 되돌아오는 것입니다. 만델브로트의 프랙탈 이론에서는 어느 지점

---

1. 프랙탈(fractal) : 자기 자신과의 상사(相似)를 유지하면서 한없이 작아지는 도형을 대상으로 하는 과학. 프랑스의 만델브로트가 1970년대에 창시했다.

이든지 찍어서 그것을 일정한 배율로 확대하면 원형이 복구됩니다. 무질서가 계속되는 줄 알았더니 그 무질서는 질서로 가는 한 과정에 지나지 않는다는 것입니다. 그래서 무질서의 세계를 바라보는 눈에서 통합하는 눈으로 바라보게 되었습니다. 그런 식으로 지금 과학자들이 지금까지의 분석적이던 고전과학에서부터 통합하는 새로운 현대과학과 접목되고 있는 행복한 시대를 여러분이 맞이하고 있는 것입니다. 예를 들어 여러분에게 누군가가, "네가 지금 하고 있는 공부가 무엇을 쓰는 공부냐?" 하고 물었을 때 서양사람 입장으로는 표현하기가 참 곤란할 것입니다. 에너지? 우주에너지? 뭐라고 해도 그 사람들은 이해가 안 될 것입니다. 氣는 에너지 개념이 아닙니다. 氣라는 표현을 중국말로 '치'라고 하는데, 요즘은 치와 에너지는 다른 개념이라고 드디어 서양사람들도 받아들이기 시작했습니다. 분명히 힘은 힘인데 그냥 에너지라고 해서는 정확하게 표현할 수 없는 그런 에너지를 중국말로는 '치(氣)'라고 하고, 우리말로는 '기(氣)'라고 분리해서 쓰고 있습니다.

 氣는 진행하면서 계속해서 질서 쪽으로 가는데, 에너지는 회귀성이 없습니다. 석탄으로 불을 때고 나면 그걸 다시 땔 수 있는 것이 안 됩니다. 에너지는 다 쓰고 나면 무질서하게 되어버립니다. 그런 엔트로피 증가계가 있고, 진행하면 할수록 새로운 힘이 나와서 계속 쓸 수 있게 되는 엔트로피 감소계가 있습니다. 예를 들어 아령을 들고 근육운동을 할 때 이만큼 에너지를 썼으면 점점 힘이 빠져서 그 다음부터는 큰 것은 못 들게 되고, 점점 작은 것을 들다가 나중에는 못 움직여야 되는데, 드는 연습을 많이 한 사람일수록 점점 더 큰 것을 들게 됩니다. 이게 엔트로피 감소계의 원리입니다. 그런 감소계와 증가계가 어울려 있습니다. 지금까지는 사람들이 엔트로피 증가계에서 일어나는 여러 가지를 설명하고 이해시키고 응용하는 데에 익숙했는데, 지금은 사람들의 시각이 엔트로피 감소계를 어떻게 쓰고 이해하고 활용할 수 있을 것인가로 많이 바뀌어 가고 있습니다. 그것은 아주 바람직한 현상입니다. 氣에도 방향성이 있는데, 에너지가 쓰면 쓸수록 점점 더 쓸 수 없는 쪽으로 가는 방향이라면, 氣는 쓰면 쓸수록 점점 더 많이 쓸 수 있는 쪽으로 갑니다. 氣와 에너지는 이런 방향성을 갖고 있습니다.

우리가 공부를 하다보면 어느 순간 정신적으로 규칙적이고 질서 있는 세계에서 무질서한 세계로 들어가게 됩니다. 공부를 하면, 호기심으로 시작했든 재미로 시작했든 제일 처음에는 환희심과 감동이 확 옵니다. 그러다가 좀 지나면 그것에 규칙성이 드러나게 됩니다. '뭔가 이치가 있겠지' 해서 이치를 파고 들어가 봅니다. 그렇게 한참 가다 보면 어느 순간 오리무중(五里霧中)에 빠져 아무것도 모르게 됩니다. '뭐가 뭔지 도대체 모르겠다.'는 식이 됩니다. 그때 그는 질서 너머에 있는 무질서의 세계와 만나고 있는 것입니다. 그런 현상이 우리 몸에서도 옵니다. 처음에 자동동작을 하면 찌뿌둥하던 몸이 가뿐해져서 기분이 좋아집니다. 그런데 매일같이 하다 보니 나중에는 자동동작을 하고 나면 오히려 힘이 듭니다. 어깨도 아프고 허리도 아프고, 머리가 무겁고 상쾌하지도 않습니다. 그럴 때에 질서와 무질서의 세계를 오가는 파동의 세계를 바르게 이해하면 그런 혼란에 빠지지 않게 됩니다. 혼란을 겪더라도 무난히 넘어갈 수 있습니다. 그런 현상이 신체적으로도 옵니다. 우리 몸에서 가장 규칙적으로 움직여줘야 하는 것이 심장의 박동입니다. 그런데 氣가 자기에게 가득차서 응축이 되고 축적이 되면 심장의 박동이 불규칙하게 됩니다. 그럴 경우에는 공부하는 데 갑자기 심장에 강한 부담이 옵니다. 뜨끔뜨끔해서 숨도 잘 못 쉴 정도로 부담이 오기도 합니다. 공부를 하면 할수록 어느 순간부터는 생땀이 나고 심장이 벌렁벌렁합니다. 전에는 안 그랬는데 오히려 불규칙하게 됩니다. 그것은 자율신경의 조절기능이 바뀌어서 불규칙하게 되어버린 것입니다. 그럴 때는 바깥의 기후가 산만하게 변하면 심장이 펄럭펄럭합니다. 바람이 불 것 같으면 불기도 전에 심장부터 팔딱팔딱 뜁니다. 조금 있으면 바람 소리가 사악 납니다. 미리, 아주 예민하게, 그러면서도 불규칙하게 반응합니다. 어떤 때는 아침에 일어나면 굉장히 불안하고 초조해집니다. 아니나 다를까 그날 언짢은 일이 생깁니다. 사실은 그런 것이 좋은 것입니다. 그 과정을 넘어가면 좋은 것인데, '이야, 이거 큰일 났구나.', '나는 허약체질이구나.'라면서 온갖 걱정을 합니다. 그런 현상은 시간이 지나면서 점차 안정이 되어 규칙적으로 변해갑니다. 그것이 우주가 규칙의 세계에서부터 불규칙의 세계로, 질서의 세계에서부터 무질서의 세계로 왔다 갔다 하기 때문에 일어나는 현상입니다. 질서의 끝에는 무질서가 있고 무질서는 다시 질서를 낳는 것입니다. 이 세상은 그런 두 세계로 어우러져 있습니다. 그러니까 여러분이 이 공부를 하면서 안락과 행복과 평화 그런 것에만 급급해 한다면 어느 한 쪽은 완전히 무시하는 것이 됩니다. 안락과 평화와 행복과 동시에 불평과 고통과 투쟁까지도 이해를 해야 전체를 바로 이해하는 것입니다.

　제자들이 예수님에게 온갖 것을 다 요구했습니다. 예수님은 온갖 것을 다 주시는 분으로 생각했습니다. 그럴 때에 예수님이 말했습니다. "내가 너희에게 평화를 주러 온 줄 아느냐? 나는 너희에게 투쟁을 주러 왔다." 이게 무슨 말입니까? 아마 당시 사람들은 그 말을 바로 이해하지 못했을 것입니다. 사랑을 얘기하면서, "원수를 사랑하라."라고 한 분이 "너희에게 투쟁을 주러 왔노라."라고 했을 때 이해할 수 있었겠습니까? 나는 그것이야말로 이 우주를 바르게 설명하고 있는 장면이라고 봅니다. 안정되어 안락하게 정체하려고 할 때, 투쟁을 주고 흔들어서 일깨우고자 하는 그런 이야기를 했다고 생각합니다. 여러분은 안락의 문제, 행복의 문제, 평화의 문제뿐 아니라 갈등과 투쟁의 문제, 불평과 고통의 문제를 이해할 수 있어야 합니다. 사랑의 문제 뿐 아니라 미움의 문제도 이해할 수 있어야 합니다. 진실로 미워해야 할 것을 미워할 수 없는 사람은 절대로 사랑해야 할 것을 사랑하지도 못합니다. 미워해야 할 것을 미워하지 않으면 정의가 이루어지지 않습니다. 모든 것은 상반되어 있는 것처럼 보이는 하나의 장(場) 속에 있습니다. 우리가 그 양극(兩極)을 다 이해했을 때 비로소 그 대상을 온전히 이해하게 됩니다.

　또한 생명체로 존재하는 모든 것은 '존재하는 것'과 '행하는 것'의 두 가지 큰 의미가 있는데, '사람은 어떻게 존재하는가?', '무엇을 행하는가?' 하는 것이 그것입니다. 우선 우리는 사람으로 존재합니다. 개나 고양이로 존재하는 것이 아니라 사람으로 존재합니다. 그러면 존재하는 사람이 무엇을 행해야 하느냐? 사랑을 행해야 합니다. 사랑으로 존재해야 합니다. 사람은 사랑와 같이 '사랑'으로 존재하는 것입니다. '사람'의 내면에는 '사랑'이 내재되어 있습니다. 사랑이야말로 존재의 본질입니다. 사랑도 그냥 사랑이 아니라 '참사랑'입니다. 참사랑은 '참'으로 가득 차 있는 사랑입니다. 참사랑은 '진리 사랑'입니다. 거짓이 아니라 진리이고 진실입니다. 참사랑은 허무한 것이 아니라 실재하는 사랑입니다. 참사랑은 들떠 있거나 부글부글 끓는 사랑이 아니라 '냉철한 사랑'입니다. 이 세상에는 사람을 들뜨게 해서 고통 속으로, 죽음 속으로 몰아넣는 경우가 수없이 많습니다. '휴거'도 그랬고, 히틀러도 그랬습니다. 그런 사랑은 참사랑이 아닙니다. 참으로 진리에 입각해서, 사실과 진실에 입각한, 그러면서도 차분한 사랑이 참사랑입니다. 아무리 슬기롭고 온갖 지혜를 다 가졌다 하더라도 그 속에 사랑이 없다면 아직 온전하다고 할 수 없습니다. 지혜를 바탕으로 한 궁극의 목표는 '사랑'인 것입니다. 그런데 올바른 지혜 없이 사랑만 가득하다면 실수투성이가 됩니다. 어떤 사람이 사랑이 가득한데 슬기가 없어 지혜롭지 못하여 아무나 사랑하겠다고 하면 큰일 납니다. 사랑을 베푸는 것도 지혜가 바탕이 되어야 올바른 사랑이 됩니다. 무지한 사랑은 오히려 상대를 해칠 수도 있습니다. 사랑스럽다고 아이에게 매일 아침저녁으로 야쿠르트를 10병씩 계속 먹이면 어떻게 되겠습니까? 우리의 뱃속에서 대장균이 생성되어서 활동을 해줘야 하는데, 그렇게 야쿠르트를 먹이다가 안 먹이면 대장균 생성에 문제가 생겨서 탈이 납니다. 지혜롭지 못한 사랑이 아이를 망쳐 놓는 것입니다. 이와 같이 지혜 없이 베푸는 사랑은 극히 위험한 것입니다.


## 2. 수련 중에 주신 말씀
: 생활을 공부화하고, 공부를 생활화 해야 한다

　흔히 사람들이 "저는 지금 열심히 공부하고 있는데 왜 이렇게 성과가 나지 않을까요?"라고 묻습니다. 그때 자신의 일과를 그림으로 그려보면 자기가 공부를 위해 얼마나 투자하는 지를 바로 알 수 있습니다. 우리가 살아가는 데 가장 많이 쓰는 부분이 '먹는 것'과 '잠자는 것'입니다. 이렇게 제일 많이 쓰는 시간을 잘 활용할 수 있으면 제일 좋은 공부가 됩니다. 사실 먹고 사는 것은 자기가 지닌 명(命)을 팔아 생명을 이어가는 것입니다. 명이란 내 인생에 배당된 시간입니다. 그 시간을 써서 먹고 사는 것입니다. 아마 여러분이 그려놓은 일과표를 가만히 들여다보면 '큰 비중을 차지하고 있는 것을 어떻게 활용할 것인가?' 하는 문제가 보일 것입니다. '이것을 확 줄이자' 하는 것은 어려울 것입니다. '어떻게 더욱 더 지혜롭게 활용할까?'라고 생각하는 편이 나을 것입니다. 어느 누구에게든지 공통적으로 비중을 크게 차지하는 것이 잠자는 시간인데 어떻게 활용하는 것이 가장 좋을까요?
　잠을 잘 자는 가장 좋은 방법은 짧고 깊게 숙면을 취하고, 아주 명쾌하게 깨는 방법일 것입니다. 그러면 어떻게 해야 짧고 깊게 숙면을 취할 수 있을까요? 졸린다고 아무 때나 잠을 잔다면 자기의 생활 리듬

이 불규칙하게 됩니다. 그렇기 때문에 어느 시간을 정해놓고 깊이 들어가고 빨리 나오면 제일 좋습니다. 그래서 제일 첫째, 잠이 깊이 들고 개운하게 깨려면 좋은 꿈을 꿔야 합니다. 뒤숭숭한 꿈을 꾸면 잠을 설치게 됩니다. 좋은 꿈을 꾸려면 자기의 영혼이 맑아야 합니다. 온갖 죄를 짓고 밤새도록 도망을 다니는 꿈을 꾸면 깨어서도 피곤합니다. 또 독을 품고 자지 않아야 합니다. 원한을 품고 웅크리고 자면 숙면을 못합니다. 그 다음에 열심히 일하는 방법이 있습니다. 열심히 일하면 기분 좋은 피로가 옵니다. 기분 좋은 피로는 숙면을 취하게 하고 숙면은 좋은 꿈을 꾸게 합니다. 원한을 품지 말고 걱정거리도 털어버리고 자야 합니다. 걱정거리가 있으면 걱정하지 않으려 한다고 되는 것도 아닙니다. 걱정거리는 왜 생길까요? 뭔가 잘 안 풀리고 자꾸 문제가 생기니까 걱정거리가 됩니다. 문제가 안 생기도록 하려면 모든 것이 잘 돌아가게 하면 됩니다. 모든 것이 잘 돌아가려면 저항이 걸리지 않고 도리에 맞게 돌아가게 하면 됩니다. 도덕경(道德經)에서 말하는 것처럼 무위법(無爲法)으로, 마음먹은 대로 척척 돌아가면 됩니다. 그러려면 공부를 해야 하고, 도와 통해 있어야 합니다. 도와 통해 있으면 남에게 원한을 가질 일이 없고, 잘 안 돌아가서 걱정할 일도 없습니다. 그러니까 잠도 잘 자고 좋은 꿈꾸고 아침에 상쾌하게 일어나게 됩니다. 숙면을 하게 되면 짧은 시간을 자도 아주 가뿐하게 피로가 해소됩니다. 그 다음에, 꿈을 공부화 할 수도 있습니다. 밤에 꿈을 꾸었으면 아침에 일어나서 기록해 봅니다. 그러다보면 점차 꿈을 조종할 수 있게 됩니다. 조종할 수 있게 되면 나중에는 꿈속에서도 공부를 할 수 있습니다. 때로는 꿈속에서 책을 읽고 이튿날 아침에 일어나서 생각해 보면 대단한 구절을 읽은 것을 알게 됩니다. 영적으로는 꿈속에서 공부할 수 있는 것이 상당히 많습니다. 다만 온갖 걱정거리를 안고, 독을 품고 한을 품고, 술 취해서 자면 공부가 안 됩니다. 맑은 영혼이 되어 있을 때는 꿈속에서도 공부를 합니다. 그것이야말로 내게서 가장 큰 비중을 차지하고 있던 수면시간을 공부로 활용하는 것이 됩니다.

그 다음에, 우리가 깨어있을 때에 거의 대부분의 시간을 소모하는 것이 먹고 살기 위한 것, 즉, 일입니다. 일은 복잡다단하게 연결되어 있습니다. 그런데 끊임없이 계속 연결되어 있느냐 하면 반드시 그렇지는 않습니다. 잠깐잠깐 틈이 있습니다. 그러나 그 틈을 내가 제대로 쓰지 못하면 언제 지나갔는지 모르게 지나가 버립니다. 5분의 틈, 10분의 틈이 무의미하게 지나가 버립니다. 그리고 공부 좀 하려고 하면 뭔가 자꾸 정리해야 될 것이 있습니다. 한참 정돈해 놓고 이제 책을 펴놓고 머리에 들어오려 하면 밥 먹으라고 합니다. 그래서 밥을 먹고 와서 다시 기운을 좀 잡아서 공부 좀 하려고 하면 저녁 먹으라고 합니다. 이러면 실제로 공부에 들어갈 수 있는 시간이 별로 없게 됩니다. 이럴 때 어떻게 하면 짧은 시간 내에 몰입할 수 있을까요? 짧은 시간에 몰입하는 방법으로 단전호흡이 있습니다. 내게 10분간의 여유가 생겼다면 그 동안에 氣를 정돈하는데, 이때에 단전호흡을 합니다. 그런데 내 경험으로는 단전호흡도 그렇게 빨리 정돈이 안 됩니다. 단전호흡을 하고 있어도 한참 뒤에야 차츰차츰 정돈이 되어갑니다. 그래서 나는 약 10분 동안의 여유가 생겼을 때 손끝에다 의식을 집중합니다.

손끝에 의식을 집중하면 찌르르 기운이 느껴집니다. 양손 끝에 의식을 집중하면 금방 기운이 올라오는 것을 느낄 수 있습니다. 이것이 우리공부를 하는 사람이 할 수 있는 장점입니다. 자동동작이 안 되는 사람은 이렇게 해도 잘 안 됩니다만 자동동작이 되는 사람은 금방 기운이 좍 당겨지면서 손을 타고 들어옵니다. 그러다가 자연스럽게 자동동작을 하게 됩니다. 그렇게 자동동작을 하다가 명상에 들면 5분, 10분 만에 아주 가뿐해집니다. 그런 식으로 하면 일상생활 중에서 생기는 틈들을 100% 활용할 수 있습니다.

그 다음에, 우리에게 어떤 일이 생겼을 때 해야 할 것이 있고, 하지 않아야 할 것이 있습니다. 그때 제일 먼저 해야 할 것은 침착하게 하는 것이고, 두 번째로 하지 않아야 할 것은 서로 탓하지 않는 것입니다. 침착하고 남을 탓하지 않아야 방법이 생깁니다. 자기가 어떤 일을 처리할 때에 침착하게 처리하면 그 일로 인해서 또다시 엮고 엮이면서 괴롭게 될 일이 없습니다. 여러분이 그렇게 마음을 쓰면 자는 것, 생활하는 것 모든 것을 공부화해 갈 수 있습니다.

그 다음에는 모든 사물을 그냥 스쳐 보내지 않아야 합니다. 나를 스쳐가는 것이 그냥 무의미하게 지나치게 해서는 안 됩니다. 모든 것을 관조하고 관찰하는 자세를 가져야 합니다. 나는 '이 세상 만물이 다 내 앞을 지나갈 수 있어도 그냥은 못 간다. 나를 그냥 스쳐갈 수는 없다. 뭔가 내게 남기고 가야 한다.'라고 생각했습니다. 그러니까 관찰력이 대단히 민감하게 되었습니다. 길을 가다가 꽃 한 송이를 봐도 그냥 안 보게 되었습니다. 꽃잎의 수도 세어보고, 수술 수도 세어보고, 잎의 모양도 그려보고 했습니다. 빗방울이 떨어지면 '아, 이 정도 바람에서는 빗방울이 몇 도 각도로 떨어지는구나.'라는 식이었습니다. 어쩌면 아무 소용도 없을 것 같은 것도 내게서는 그냥 스쳐 지나가지 않게 했습니다. 사물에 대한 그런 관찰이 모든 사물을 이해하는 데에 커다란 도움이 됩니다. 그렇게 사물을 관찰하는 것과, 아주 짧은 시간에 몰입해 들어가는 방법과, 또 맑은 영혼으로 잠자는 시간까지도 공부화 하겠다고 생각해 나간다면 모든 생활을 공부화 할 수 있습니다. 그렇지 않은 상태로 공부시간을 짜면 하루에 한두 시간도 배당되기 어렵습니다. 그러면서도 깨닫겠다고 한다면 그건 도둑놈 심보가 아닐까요? 쥐꼬리만큼 투자하고 받을 것은 엄청나게 크게 생각하면 안 됩니다. 그래서 우리는 공부를 생활화 하자는 것입니다. 그런데 어떤 사람은 이 말을 잘못 해석해서 '생활이 공부다.'라고 합니다. 생활이 공부가 아니라 '생활을 공부화해야 하고, 공부를 생활화해야 하는 것'입니다.


### 3. 수련 중에 주신 또 다른 말씀
: 영혼을 깨워내는 것이 참다운 효도이다

　부모에게 맛있는 음식을 해드리고 좋은 옷 해드리고 용돈 많이 드리는 그런 효도는 작은 효도입니다. 작은 효도를 하는 사람은 그 정도를 큰 효도한다고 생각합니다. 또한 큰 효도가 무엇인지 모르는 부모는 그런 효도가 큰 효도한다고 생각합니다. 큰 효도는 그분들이 인생에서 이루지 못했던 것을 이루게 해주고, 좀 괴롭더라도 삶의 진정한 의미를 깨닫게 해주는 것입니다. 그보다 더 큰 효도는 그 분들의 영혼이 추락되지 않게 잡아주고 더 높여주는 것입니다. 목련존자가 깨닫고 보니 자기 어머니의 영혼이 지옥에 떨어져 있는 것을 알게 되었습니다. 그래서 목련존자는 지옥까지 찾아가서 자기 어머니를 구해 나옵니다. 그것이 큰 효도입니다. 나도 부모님께 작은 효도가 아니라 큰 효도를 하고 싶었습니다. 큰 효도를 하기 위해서 매일 아침마다 내가 했던 공부를 설명해 드리고, 같이 명상하고 법문하기를 오랫동안 해왔습니다. 그런데 그것 가지고는 부족했습니다. 왜냐하면 이제 연세가 많으시니까 글도 한참 보면 어른어른 하고, 법문도 듣고 돌아서면 금방 잊어버립니다. 또 연세가 많아지면 자제력이 없어집니다. 그런 상태에서 우리 생각만 하고 계속 그렇게 한다는 것은 무리였습니다. 어떻게 하면 내 부모의 영격을 높여드릴 수 있을까를 생각하면서 깊이 파고 들어가 보았습니다. 여러분 역시 같은 마음이고 그런 것이 요구될 것입니다. 우리의 영혼은 하늘의 기운과 땅의 기운이 합쳐져 있습니다. 내가 보기에는 그보다 더 복잡하지만 일반적으로 세상에서는 삼혼칠백(三魂七魄)이 모여서 하나의 영혼을 이루고 있다고 얘기합니다. 삼혼은 세 가지의 하늘기운을 말하고, 칠백은 일곱 가지의 땅의 기운을 말하는데, 이들이 모여서 하나의 영혼을 이루고 있다고 합니다. 그런데 사람이 죽어서도 본래 자리인 ○계로 돌아가지 못하고 떠돌이 영혼이 되거나, 순환의 고리에서 벗어나지 못하고 윤회(輪廻)하는 이유는 영혼이 제대로 분해가 되지 않기 때문입니다. 그렇게 분해되지 않는 것은 영혼에 응어리가 맺혀있기 때문입니다. 우리가 어떤 통로로 내보내려 할 때에 찌꺼기가 있으면 막혀서 지나가지 못합니다. 그것이 부드럽게 와해되었을 때는 그 통로를 빠져나가는데, 굳은 응어리가 있으면 걸려서 ○계로 못 가게 됩니다. 그래서 우리가 "원한을 갖지 말라.", "집착을 하지 말라."라고 하는데, 이 응어리를 어른들에게 "원한을 갖지 마십시오.", "원한을 푸십시오." 한다고 쉽게 풀어지지 않습니다. 여러분인들 그렇게 되겠습니까? 물론 공부를 알기 때문에 우리가 어떻게 살아야 하고, 어떤 마음을 가져야 하는지 다 압니다. 알지만 처리가 잘 안 됩니다. 사실 우리가 살아가는 데는 내가 안다고 다 그렇게 되지는 않습니다. 알아도 안 되는 것이 있습니다. 그것처럼 연세 드신 분들에게는 안 되는 것이 있습니다. 그래서 방법을 생각해 보았습니다. 그것은 어려운 방법이 아니라 아주 쉬운 방법이라야 합니다. '우리가 ○계로 가는데 지장이 되는 찌꺼기가 어디에 쌓이는가?' 하고 보니까, '혼(魂)'에 쌓이는 것이 아니라 '백(魄)'에 쌓입니다. 백은 땅으로 흩어지기 때문에 결국 죽으면 백에 쌓인 것은 땅으로 돌아갑니다. '그렇다면 미리 땅의 기운으로 돌릴 수 없을까?' 하는 생각을 했습니다. 그렇게 해서 최선의 방법을 찾아내서 썼는데, 여러분도 주위 분들에게 해 줄 수 있는 방법입니다. 어떻게 하느냐 하면, 먼저 조그마한 항아리를 준비하고 매일 아침마다 성냥개비를 하나 들고 '내게 응어리진 모든 것은 이리로 가거라.' 하고 기원을 합니다. '이 성냥으로 가거라.' 하고 2~3분간 성냥개비를 잡고 거기에 정신을 집중하고 나서 불을 켜고는 항아리 안에 넣습니다. 그것을 매일 합니다. 그리고 나서 일 년에 한 번, 그 항아리에 모인 것을 지기(地氣)를 아는 사람이 소멸시킬 수 있는 터를 골라 묻으면 됩니다. 그분이 돌아가시고 난 다음에 그 응어리를 처리하는 것이 아니라 살아계시는 동안 백(魄)에 쌓인 기운을 땅으로 내보내는 방법인 것입니다. 여러분도 다 쓸 수 있습니다. 주위 분들에게 해 줄 수 있는 아주 편리한 방법입니다. 그분들에게 "이렇게 하십시오." 하고 방법을 가르쳐주는 것은 쉬운데, 법문을 하고 '깨달으십시오.' 하는 것은 어렵습니다. 우리에게는 그런 쉬운 방법이 있으니까 주위에 있는 분들에게 많이 알려주어서 영적인 응어리를 풀게 하면 좋겠습니다.

# 3

나무와
같이 서고
물같이 대하라

자석에 자장(磁場)이 있듯이 각자마다 일정한 자기의
영역(領域)을 지니고 있습니다. 우리는 서로 간에 영
역을 잘 지켜줘야 불화하지 않고 조화로운 관계를 유
지할 수 있습니다.
..........
일 시 : 1990년 12월 23일
장 소 : 대구 본원
배 경 : O계무술을 지도하는 자리에서 무술의 기본 원리를 설명하심

    흔히 무술을 싸움이라고 생각하기 쉬운데 무술은 싸움이 아닙니다. 무술의 '무(武)'자를 한자로 보면 '창 과(戈)'와 '멈출 지(止)'의 조합으로 이루어져 있습니다. 즉, 무술이란 창을 가지고 싸우는 것을 멈추게 하는 것입니다. 나는 무술(武術)은 무술(無術)이 되어야 한다고 생각합니다. 무술을 쓰지 않아도 될 수 있게 되어야 진정한 무술입니다. 싸우면 서로 상하므로 상하지 않으려면 싸우지 않아야 하고, 싸우지 않으려면 무술(無術)의 법칙을 터득해야 합니다. 무술은 치고받고 때리고 꺾는 것이 아니라 생존의 법칙이고, 자기를 운영하는 기술이며, 직장이나 사회에서 타인을 대하는 대인(對人)의 방법이고, 국가의 힘을 다스리는 경국(經國)의 술(術)입니다. 이런 의미에서 나는 무술의 기본 원리를 다음과 같이 설명하고자 합니다. 무술의 기본 원리는 '나무와 같이 서고, 물같이 대하며, 불같이 변하고, 바람같이 떠나라.'로 설명 할 수 있습니다.

### 나무와 같이 서고

씨앗은 어딘가에 떨어져 뿌리를 내리게 됩니다. 우리 인간도 이 세상에 뿌려진 씨앗과 같아서 떨어지는 자리마다 뿌리를 내리는 조건과 환경이 다르게 됩니다. 예를 들어 집을 짓는 공사장에서 일을 하게 되었다면 노동을 해야 하므로 팔 다리의 근육이 튼튼하고 몸이 건강해야 합니다. 기획, 조정하는 자리에 있으려면 근육보다는 두뇌 회전이 빨라야 합니다. 사람들 중에는 정신노동을 해야 하는 사람이 있고, 육체노동을 해야 하는 사람이 있습니다. 그에 따라 각자 조건에 맞는 자리가 있습니다. 그렇기 때문에 자신이 선택하는 직장이나 직업이 자기가 뿌리 내릴 곳인지를 재고(再考)하여 판단할 수 있는 시각을 길러야 합니다. 우선 자기 자신이 보는 눈이 뜨이게 되면 사물을 파악하는 것도 올바르게 됩니다. 예를 들어 어떤 사람이 책상을 사람들이 많이 다니는 길 한가운데에 갖다 놓았다면 그곳은 책상이 있을 자리가 아닌 것입니다. 그러므로 '나무와 같이 서고'라는 말은 공간 안에서 어떤 것을 어느 곳에 놓아야 하고, 방향은 어떠해야 하는가를 터득해야 한다는 의미입니다. 그러기 위해서는 자기를 기준으로 해서 모든 사물을 읽어나가는 방법을 배워야 합니다.

모든 것은 이렇듯 각자마다 뿌리를 내리는 곳이 각각 다릅니다. 그리고 뿌리내리는 곳의 상황에 따라서 자기가 대처할 방법도 다릅니다. 그러한 것을 무술을 통해서 터득할 수 있습니다. 장소에 따라 氣를 운영해 보면 밀어내는 자리, 끌어당기는 자리가 있습니다. 빙글빙글 돌아가는 자리가 있고 붙잡고 늘어지는 자리도 있습니다. 공간의 구석은 끌어당기는 힘이 있습니다. 그래서 자동동작을 하다보면 힘의 보충이 필요한 경우 마지막에는 구석진 곳에 가서 서게 됩니다. 그것처럼 땅의 기운을 가지고 뿌리내릴 곳을 터득하게 됩니다. 그것을 찾기 위해서 자기가 움직이고, 또 땅은 땅대로 氣를 움직여서 서로 조화를 이루게 됩니다. 뿌리를 내리려면 기운이 아래로 깔려야 합니다. 기운이 위로 떠있어서는 뿌리를 내리지 못합니다. 이때까지 자기한테 고루 분포되어 있는 기운을 차츰차츰 아래로, 아래로 끌어내립니다. 끌어내리다 보면 발끝에까지 이르게 됩니다. 발끝에 기운이 몰리면 발끝이 땅을 뚫고 내려가는 것처럼 느껴집니다. 실제로 발가락이 땅속에 들어가는 것은 아니지만 발끝이 꼬물거리면서 땅을 비집고 들어 가는듯한 기운을 느끼게 됩니다. 발가락이 튼튼하게 뿌리를 내리듯이 박히게 되는데 이때는 각도가 중요합니다. 우리가 무엇을 똑바로 세울 때 45도 각도로 버팀목을 해주지 않으면 넘어져 버립니다. 그래서 뿌리를 내릴 때는 그냥 내리는 것이 아니라 자기의 몸 구조와 맞추어서 내려야 합니다. 그렇기 때문에 어떤 사람은 좀 더 벌어질 수도 있고, 좀 덜 벌어질 수도 있습니다. 모두 똑같은 모습이 아니라 각자 자신의 신체구조와 맞는 자세가 나오게 되는 것입니다.

  발이 뿌리를 내리고 나면 다음에는 다시 끌어올립니다. 식물을 생각하면 이해하기 쉽습니다. 식물은 뿌리를 내리고 나면 뿌리를 통해 땅의 기운과 물을 끌어올립니다. 그것처럼 발끝을 통해 기운을 끌어올리는데, 이렇게 빙글빙글 돌면서 올라옵니다. 우리가 산에 올라갈 때도 곧장 올라가면 많이 힘든데, 빙글빙글 돌면서 올라가면 힘이 덜 듭니다. 흔히 사람들이 기운을 끌어올리거나 내릴 때에 바로 내려갔다 바로 올라오는 걸로 생각하지만 실제로는 회전하며 내려가고 회전하며 올라옵니다. 밑에서 끌어올리는 것 역시 마찬가지입니다. 다리를 감으면서 내려가고 감으면서 올라오게 됩니다. 그렇게 머릿속에서 연상하면 익히기가 쉽습니다. 그 기운을 하단전(丹田)까지 끌어올려서 모읍니다. 하단전은 '氣가 모이는 바다'라고 해서 '기해(氣海)'라고 합니다. 그 氣의 바다에서 온갖 형태로 기운이 공급됩니다. 출렁거리면서 파도를 보내기도 하고, 햇빛에 의해 증발해서 소나기를 퍼붓기도 합니다. 우리 몸에서는 기해를 중심으로 해서 위아래로 기운을 보내고 조정합니다. 이렇게 모든 것이 힘의 중심을 잡아서 조정해 나가는 것입니다. 우리가 이 세상에서 살아가려면 땅에 발을 붙여야 하고, 하늘의 기운을 받아야만 합니다. 따라서 하늘과 땅 사이에서 천기와 지기를 조정하는 능력을 배워야 합니다. 단순히 '천기(天氣)가 어떻고 지기(地氣)가 어떻고'라고 쉽게 말하지만, 자기한테 터득이 안 되면 그저 들은 지식일 뿐 자기가 마음대로 쓸 수가 없습니다. 우리가 밧줄을 붙잡고 있다고 가정할 때, 기운이 강한 사람이 당기면 확 끌려오는데, 힘이 약한 사람이 당기면 아무리 당겨도 끌려오지 않습니다. 시간을 무형의 개념으로, 공간을 유형의 개념으로 본다면 우리는 시간도 다루고 거리도 다룰 수 있어야 합니다. 시공(時空)을 초월해서 氣를 다룰 수 있어야 합니다. 시간이라는 개념은 무형 전체를 통합한 것과 같습니다. 유형과 무형에 있는 기운 모두를 자기 내면에서부터 다루어 나가는 법칙을 터득해 가는 것이 바로 무술입니다.

## 물같이 대하며

도덕경(道德經)에 보면, 물은 그 성질이 순해서 만물과 투쟁하지 않는다고 되어 있습니다. 물은 스스로 겸손하여 낮은 자리에 위치합니다. 물은 스스로를 낮추어서 모두가 싫어하는 자리를 택합니다. 예를 들어 어떤 단체에서 남이 하기 힘겨운 역할을 맡아서 하면 그는 나중에 반드시 칭찬을 받습니다. 그런데 좋은 자리를 자기가 먼저 차지하려고 하면 그는 어느새 다른 사람들로부터 소외되고 맙니다. 그리고 물은 다른 것을 다 받아줍니다. 쓰레기도 쓸어가고 오물도 쓸어가고 구정물도 쓸어갑니다. 우리가 물로 청소를 할 수 있는 것은 물이 모든 것을 받아주기 때문입니다. 만약에 물이 받아주는 성질이 없다면 물로 청소를 할 수가 없습니다. 그렇게 물은 온갖 나쁜 것을 다 받아줍니다. 물은 자기가 더러워져 가면서 그것을 받아내는 성질을 지니고 있습니다. 그 다음에 물은 어떤 그릇이라도 거기에 다 맞추어 줍니다. 그릇이 네모면 네모가 되어 담기고, 그릇이 둥글면 둥글게 되어 맞추어 줍니다. 그 다음에, 물은 묘하게도 섭씨 4℃일 때 부피가 가장 작습니다. 다른 것은 온도가 내려갈수록 부피가 줄어들고 올라가면 부피가 늘어납니다. 그런데 물은 섭씨 4℃일 때 부피가 가장 작으며, 그보다 내려가거나 올라가면 부피가 불어납니다. 이건 매우 중요한 법칙입니다. 만약에 얼음이 이러한 성질을 갖고 있지 않다면 큰 문제가 생기게 됩니다. 물이 온도가 내려가면서 부피가 줄어들면 단위 부피당 질량이 높아집니다. 무거워져서 얼음이 얼면 물밑에 깔리게 됩니다. 그렇게 되면 생물이 존재할 수가 없습니다. 얼음이 밑바닥에서부터 얼어 올라오면 거기에는 생물이 존재하지 못합니다. 그런데 물이 얼면서 부피가 늘어나니까 위로 뜨게 되어 얼음 밑의 물은 보호가 됩니다. 그래서 거기에 생명체가 살아갈 수 있는 것입니다. 이건 정말 중요한 법칙입니다.

또 물은 자연스럽게 흘러가다가 길이 뚝 끊어져 있으면 폭포가 되어서 떨어집니다. 폭포가 되어 떨어질 때는 그 물줄기가 끝난 줄 알았는데 아래를 보면 다시 물줄기가 생겨서 흘러갑니다. 그와 같이 물은 아무리 잘라도 잘라지지 않습니다. 사람들의 관계는 한번만 어떻게 하면 뚝 끊어지고, 또 금방 이어지기도 하지만 물은 그렇지 않습니다. 어떤 상황에서는 끊어진 것 같이 보이지만 끊어져 있지 않고 항상 만나고 있습니다. 상황에 따라서는 어쩔 수 없이 끊어진 모양도 보이고, 굽은 모양도 보이고, 증발해서 날아가는 모양도 보이지만 궁극에 가서는 모두 모여서 바다로, 근원으로 돌아갑니다. 공부를 하는 것도 마찬가지입니다. 우리가 깊은 진리를 추구해 가는 것도 물이 흘러가는 것과 같습니다. 따라서 어떤 사소한 행위를 보고 그 사람의 공부를 평가해서는 안 됩니다. 그렇게 흘러서 궁극에는 모두 바다에 들어가기 때문입니다.

아무리 부정을 하더라도 우리는 모두 ○계로 가게 됩니다. 어떤 사람은 헤매다 가고, 어떤 사람은 지름길을 택해서 가겠지만 모두 ○계로 가게 됩니다. 이 세상에 태어나는 방법은 여러 가지고, 태어나서 살아가는 방법 또한 천차만별이지만 공통적으로 가는 곳은 한 곳입니다. 죽으면 일단 저세상으로 가야합니다. 그러나 저세상이 곧 ○계는 아닙니다. 저세상도 세상입니다. ○계라는 것은 이 세상이나 저세상이 아니라 그 너머의 우주 궁극의 세계입니다. 우리가 ○계로 가야한다는 것은 언젠가는 가장 완벽하고 순수해져야 한다는 의미입니다.

　또한 물의 성질은 또한 항상 낮은 곳으로 향합니다. 그와 같이 자기의 자세를 낮추고 겸허한 자세로 임해야 합니다. 상대를 윽박지르고 군림해서 문제가 생기는 일이 허다합니다. 또한 물은 수용성이 있습니다. 많은 것을 녹여서 수용하고 있습니다. 자신이 많은 것을 수용하고 있지 못하면 어떻게 상대를 이롭게 하고 키워줄 수 있겠습니까. 또한 사람들은 자기의 모양, 자기의 생각 등을 고집해서 상대와 조화를 잘 이루지 못하는 경우가 많습니다. 그에 비해 물은 항상 상대의 모양을 알고 상대의 입장에서 상대를 수용합니다. 세상에는 온갖 다양한 것이 있는데, 상대의 모양이나 특징을 탓하기만 한다면 서로 공존할 수가 없을 뿐 아니라 진화의 필수요소인 다양성이 없어지고 맙니다. 모든 것이 획일화되어 세상은 단순하고 무미건조하게 되고 말 것입니다. 우리는 상대를 만나 피하고 감기고 휘이고 출렁거리기도 합니다. 마치 강 속에 강이 있는 것처럼 그렇게 상대합니다. 이것을 한마디로 표현하면 '화(化)'하기도 하고 '혼(混)'하기도 하는 것입니다. 그리고 모든 것은 반드시 자기 것을 해체해야 다른 걸로 변할 수 있습니다. 자기를 유지하면서 다른 걸로 화할 수는 없습니다. 그렇기 때문에 물같이 변한다는 것은 공존하는 상태입니다. 서로 그렇게 공존하는 법칙을 잘 배워야 자연스럽게 서로 어울려서 다투지 않고 살게 됩니다. 그것이 '화(化)한다.'는 것입니다. 내가 상대를 나처럼 화하라고 하고, 또 상대도 내가 자기처럼 화하라고 하면 투쟁이 일어납니다. 그것이 '불화(不和)'입니다. 서로 간에 공존하려면 있는 그대로, 자기의 모습을 그대로 지켜 줄 수 있어야 합니다. 이 세상에 존재하는 모든 것은 장(場)을 지니고 있습니다. 자석에 자장(磁場)이 있듯이 각자마다 일정한 자기의 영역(領域)을 지니고 있습니다. 우리는 서로 간에 영역을 잘 지켜줘야 불화하지 않고 조화로운 관계를 유지할 수 있습니다.

### 불같이 변하며

물은 아무리 상대해도 물의 성질 자체는 안 바뀝니다. 그러나 불에 집어넣으면 전부 변합니다. 종이나 나무를 불에 넣으면 타고 쇠도 녹아내립니다. 불이라는 것은 그렇게 모든 대상을 극적으로 변화시킵니다. 그런데 불은 어떻게 움직일까요? 불 자체가 움직이는 것이 아니라 바람 때문에 움직입니다. 하지만 바람도 불을 차고 나갈 수는 없습니다. 이것을 무술에 적용하면 절대로 상대가 나한테 닿을 수 없게 됩니다. 만약에 어떤 사람이 칼을 들고 마구 휘두른다고 하더라도 그 칼끝이나 칼날이 나로부터 항상 떨어져 있으면 나는 절대로 안 다칩니다.

칼이 닿아야 다칩니다. 그래서 불같이 변하라는 것은 상대가 위험한 무기를 들고 있을 때 상대와 닿지 않으면서 상대하는 방법입니다. 무기를 안 쥐고 있을 때는 서로 엉켜서 치고받고 때리고 다 됩니다. 그런데 무기를 쥐고 있을 때는 불같이 변해야만 합니다. 그러는 사이에 상대에게 모든 것을 맞추는 것이 아니라 상대를 변화하게 합니다. 예를 들어 상대가 칼을 휘두르면 대나무 밭으로 들어갑니다. 그러면 상대는 대나무에 걸려서 칼을 휘두를 수 없게 됩니다. 칼을 휘두르는데 대나무밭 같이 걸리는 자리에 들어가면 칼을 휘두르지 못합니다. 자신이 상대를 변화시킨 것입니다. 또 칼이 박힌 신을 신고 덤비는 경우 모래밭으로 들어가면 쓸 수 없습니다. 이런 식으로 상대를 변화하게 하는 방법을 말합니다. 그것을 알려면 먼저 자기가 지형지세에 관한 모든 것을 익혀야 합니다. 그래야 상대를 내 마음대로 조종할 수 있습니다. 높은 곳과 낮은 곳, 무른 곳과 단단한 곳 등 장소에 따라 조종법이 모두 다릅니다.

또한 물은 고체, 기체 상태로 변하면서도 언제든 다시 액체인 물로 환원될 수 있지만, 불은 언제나 한 가지 상태로 밖에 되지 않고, 불에 탄 물건은 본래 모습으로 환원되지 않습니다. 물은 자신이 일할 수 있는 만큼의 물의 양을 필요로 하지만, 불은 작은 불씨 하나로도 온 세상을 다 태울 수 있습니다. 조건만 갖추어진다면 불은 끝없이 나아갑니다.

그와 같이 우리 내면에 있는 궁극의 자아인 우주천주씨(宇宙天主씨)는 '온 우주천주로 피어 날 불씨'입니다. 우리가 그 불씨를 살려내어 이 세상을 잘 제도하면 이 세상을 높은 차원으로 끌어올릴 수 있습니다. 흑연이 고도의 열과 압력을 받으면 다이아몬드로 변한다고 합니다. 그것은 흑연으로서의 한계에서 벗어난 것입니다. 우리가 제3의 인류로 대도약한다는 것은 지금 우리가 상상할 수 있는 인간 능력의 변화 정도를 말하는 것이 아닙니다. 우리가 제3의 인류로 대도약에 성공하게 된다면 우리는 전혀 다른 차원의 존재가 될 것입니다. 그러나 그 도약에 얼마나 많은 자가 성공할지는 모릅니다. 흔히, 옛날의 심판은 물로 했는데 미래의 심판은 불로 한다고들 합니다. 물의 심판은 환원이 가능하지만 불의 심판은 환원이 불가능 합니다. 물난리는 그것들이 어디엔가는 남지만 불난리는 완전히 소멸시켜 아예 모든 것을 없애버리는 것입니다.

## 바람같이 떠나라

물같이 대하며'에서 개인의 장(場)을 보장한다고 했고, '불같이 변하며'에서는 극적인 변화를 얘기했고, '바람같이 떠나라'는 도주를 말하는데, 이를 무술에서는 36계를 말합니다. 흔히 생각하기를 도망가는 것은 그냥 도망가면 될 것이라고 생각하지만 따라오는 사람이 더 빠르면 잡히고 맙니다. 도망가는 사람이 더 빨라야 안 잡힙니다. 그런데 뒤에서 따라 오는 사람이 그냥 따라 오면 쉬운데, 자꾸 무엇을 던지면서 따라오면 피하면서 도망가야 합니다. 도망가는데 앞에 절벽이 나왔다면 진퇴양난이 됩니다. 어떤 경우에는 교묘하게 숨어야 하는 때도 있습니다. 싸우다가 도저히 안 되면 36계 도망을 가는데, 뒤에서는 고수들이라서 세심하게 점검하면서 따라올 경우, 그는 어딘가에 숨어야 합니다. 지금 그는 물밑에 있는데, 물밑에 나무가 있고, 그 나무 밑에 숨어 있다면 강바닥을 다 뒤져도 못 찾습니다. 그래서 찾던 사람들이 포기를 하고 돌아가니까 숨어있던 그 사람이 물레방아 밑에서 나옵니다. 이게 자기 생존의 슬기입니다. 그렇기 때문에 궁극의 목적은 자기 명(命)의 보존, 생명의 보존, 생존의 법칙입니다. 이 자연계에서는 온갖 위장술을 다 씁니다. 보호색을 띠기도 하고, 모양이 바뀌기도 하는 등 별별 것들이 다 있습니다. 죽은 척하는 것도 있고, 도마뱀처럼 꼬리를 끊어주는 것도 있습니다. 원래 도마뱀의 꼬리뼈는 척추하고 이어져 있는데, 꼬리뼈 마디가 금이 나 있습니다. 이미 자기 생존의 법칙을 만들어 놓고 있는 것입니다. 각자 그렇게 진화해 온 것입니다. 어떤 사람이 바른 길로 가야 하는데 갖고 있는 것을 놓지 못해서 못 가는 경우가 많습니다. 그것은 큰 보석이 앞에 있는데 잡고 있는 작은 보석을 놓지 못해서 큰 것을 잡지 못하는 것과 같습니다. 그럴 때는 도마뱀처럼 끊어 버려야 합니다. 물질적인 삶에서 영적인 삶으로 옮아가야 하는데, 끝내 물질적인 테두리에서 못 벗어나고 있을 때는 과감하게 포기해야 합니다. 그러면서도 궁극적인 것들은 반드시 지켜야 합니다.

바람이 불면 대기를 순환시켜서 정체된 것들을 새롭게 하고 신선하게 하여 줍니다. 그래서 새로운 것을 할 때, '바람을 일으킨다'라는 표현을 쓰는 것입니다. 또한 바람은 어떤 것은 밀어내고 어떤 것은 끌어다 줍니다. 바람이 비구름을 몰고 와서 비를 내리게 하는 것과 같습니다. 공동체도 개인도 내면에서 일어나는 바람의 의미를 잘 이해해야 합니다. 그리고 자신이 이루어 낸 것에 집착해서 눌러앉으려고 하지 말고, 다음 일을 위해 바람처럼 떠날 수 있어야 합니다. 이러한 원리는 무술 뿐만 아니라 우리의 삶을 살아가는 근본 자세이기도 합니다.

# 4

여기서
돌아가도
좋습니다.

여러분의 스승은 바로 여러분의 곁에 있습니다. 이 등
불도 스승일 수 있고. 이 건물도 스승일 수 있고. 저기
떨어지는 낙엽도. 부는 바람도 스승일 수 있습니다.
..........
일 시 : 1993년 1월 28일
장 소 : 대구 본원
배 경 : '스승과의 만남' 개회식에서 주신 말씀

    너무 긴장하지 말고 편안하게 부드럽게 합시다. 불필요하게 긴장할 필요 없으니까 허리도 펴주고, 목도 돌리고, 다리도 좀 펴서 풀어도 됩니다. 나는 여러분과 가까이 하고 싶고 친하고 싶으니 가까이 모이세요.

    오늘은 여러분과 만나는 좋은 날이라 한복을 입을까, 양복을 입을까? 거울 앞에 서서 이것도 걸쳐 보고, 저것도 걸쳐 보다가 이 옷을 입고 나왔습니다. 한복을 입으려다가, 지금은 전 세계가 하나같이 움직이는데 너무 우리 것만 고집해서 폐쇄적이면 안 좋을 것 같아서 이 개량한복을 입었습니다. 이제는 한국인 따로 있고, 중국인 따로 있는 것이 아니라 세계인이 되어 있습니다. 요즘 사람들이 걱정하는 것은 민족주의가 대두되어 민족끼리 싸우는 것입니다. 그런 생각이 들어서 한복보다 이 개량한복을 입었더니 어째 영 우리 것 같지 않습니다. 이 옷은 개량한복이니 결국 중간 것을 택한 셈입니다. 그렇게 생각해서 이

옷을 입었는데 괜찮습니까?

여러분이 아래층에서부터 올라오는 계단 벽에 적어놓은 것이 있었을 것입니다. 지난번에는 그렇게 올라오다가 도량문 앞에, '여기서 돌아가도 좋습니다.'라는 글을 써 놓았는데, 이번에는 그 글귀는 안 썼습니다. 혹 돌아가신 분이 있다면 여기에는 안 계실 것입니다. 올라오면서 하나하나 읽어봤을 텐데 그것을 기억하면서 하나하나 얘기해 봅시다.

이번의 주제가 '스승과의 만남'인데 여러분은 나를 스승이라고 생각할 것입니다. 그런데 여러분의 스승은 바로 옆에 있습니다. 이 등불도 스승일 수 있고, 이 건물도 스승일 수 있고, 저기 떨어지는 낙엽도, 부는 바람도 스승일 수 있습니다. 여러분이 스승과의 만남을 어디에서부터 시작해 왔느냐 하면, 지금 나와 만나고 있는 것이 아니라 여기에 오려고 할 때부터 이미 만나고 있었던 것입니다. 올라오면서부터 이미 법문을 들은 것과 같은 것입니다.

이 건물은 처음에 1층을 제세한의원이 쓰기 시작해서 지금은 4층까지 우리가 다 쓰고 있습니다. 1층에는 우리 몸의 병을 다스려주는 '제세한의원'이 있습니다. 2층에는 우리의 정신을 다루는 '슬기운동본부'가 있고, 지금 여러분이 앉아있는 이 3층은 정신 위에 더 큰 지혜를 구하는 '한울슬기회 도량'입니다. 그리고 4층에는 사랑을 베푸는 자리, 봉사하는 자리인 '해뜨는 교실'이 있습니다. 이 건물 자체가 각 층마다 이미 여러분에게 법문을 하고 있는 것입니다. 스승을 너무 좁은 시각으로 보면 '어디에 가서 누구를 만나야 하는가?', '누구를 찾아야 하는가?', '누구에게 얘기를 들어야 하는가?'라고 생각하는데, 여러분의 시각이 열리면 모두가 다 스승이 됩니다.

자, 지금부터 앞에 써놓은 글을 하나씩 읽으면서 공부해 보기로 합시다.

첫 번째, '남에게 아픔과 갈등을 주지 않습니까?'라고 되어 있습니다. 사실 우리가 몸을 가지고 이 땅에 어울려 사는 한 남에게 아픔을 전혀 안 줄 수가 없습니다. 갈등을 안 줄 수가 없습니다. 고의가 아니라도 어쩌다보면 남을 아프게 하고 남을 갈등하게도 합니다. 그래서 덜 하려고 노력하지, 완전히 안 되게 할 수는 없습니다. 우리가 저런 문구를 써 놓는 것은 덜 하려고 노력하자는 것입니다. 사랑이 미움과 통하듯이 어쩌면 남에게 무엇을 베푸는 것과, 아픔이나 갈등을 주는 것이 어딘가 통하는 점도 있을 것입니다. 때문에 완전하지는 못하더라도 서로 그렇게 노력해 가자는 뜻입니다.

두 번째, '남에게 좌절과 실망을 안겨주지 않습니까?' 입니다.
천수경에 보면 제일 앞에 '정구업진언(淨口業眞言)'이라는 말이 있는데, 그것은 '입으로 지은 업장을 맑게 하는 진리의 말씀'이라는 뜻입니다. 거기에서 보듯이 우리는 입으로 수없이 많은 업을 짓고 살아갑니다. 말 한마디로 상대방에게 좌절과 실망을 줄 수도 있고, 원한을 살 수도 있고, 아프게 할 수도 있습니다. 그래서 혀가, 혀가 아니라 칼날이 되는 것입니다. 사람에게는 양심이란 것이 있기 때문에 고의로 피해를 주는 것은 정말 악하지 않은 이상 잘 안 일어납니다. 그러나 무심코 하는 행동들이 남에게 좌절을 줄 수도 있고 아프게 하기도 합니다. 그러니 우리가 늘 조심하고 경계하자는 것입니다.

**세 번째, '남의 위에 군림하고 과시하려 하지 않습니까?'** 입니다.
　오늘 오신 분들은 근래에 나온 우리 책들을 다 읽어보셨을 텐데, 거기에 보면 '물은 위에서 아래로 흐르는 것이 아니라 있는 곳에서 없는 곳으로 간다.'라는 말이 있습니다. 물이 위에서 아래로 흐른다는 생각이 계층을 만듭니다. 위아래가 생기니까 위에 있는 자는 아래로 내려보내준다는 생각을 하게 되고, 밑에서는 위에서부터 받는다는 생각을 하게 됩니다. 그럼으로써 계층이 생기게 되고, 계층이 생김으로써 위에 있는 자는 군림하고 부리려 하고, 밑에 있는 자는 복종해야 되고 굴욕을 받게 됩니다. 그래서 우리는 그렇게 생각하지 말고, 물은 위에서 아래로 가서 균형이 이루어지는 것이 아니라, 있는 데서 없는 데를 향해 균형이 이루어진다고 생각해야 합니다. 그러면 많이 가진 자는 갖지 못한 자에게 베풀어 주기도 하고, 또 많은 지식을 가진 자는 많은 사람을 가르쳐서 자기의 지식을 없는 곳으로 베풀어 주게 됩니다. 또 사랑이 많은 자는 그 사랑을 베풀어서 펴기도 합니다. 물이 어디에서 어디로 가는가를 생각하는 것은 이 자연의 균형이 어떻게 이루어지는가 하는 얘기입니다. 우리가 위와 아래라고 하는 딱딱하고 경직된 사고에서 자칫 군림하려 하고, 또 어떤 자가 군림함으로써 그 밑에 있는 자는 굴욕을 당하고 복종하게 되는 일이 없도록 하자는 것입니다. 서로 평화롭게 공존한다는 것은 서로 동등한 위치에서 손을 잡자는 것입니다. 위아래로 잡고 있으면 굉장히 힘듭니다. 어떤 사람이 절벽에서 떨어지는데 한 사람이 위에서 잡고 있고, 한 사람은 밑에 매달려 있으면 둘 다 고통스럽습니다. 그러나 서로 옆에서 손잡고 있는 것은 전혀 고통스럽지 않습니다. 공존한다는 것은 옆으로 손을 잡아야지 위, 아래로 잡는 것이 아닙니다. 그래서 군림하려 하거나 과시하려 할 때에 고통 받는 자들이 생긴다는 것을 염두에 두고 그렇게 하지 말자는 것입니다.

네 번째, '시기심과 질투심을 갖고 있지 않습니까?' 입니다.

시기심과 질투심이 전혀 없을 수는 없습니다. 사실 그것이 필요할 때도 있습니다. 갖고 있되 그릇된 시기심과 질투심을 가지면 안 됩니다. 예를 들어 아내가 다른 남자를 사랑하고 쫓아다니는데 질투심을 전혀 안 느낀다면 곤란할 것입니다. 그것은 정당한 질투심입니다. 그릇된 시기심과 질투심이 사람들에게 갈등을 주고 혼란하게 하니까 그렇게 안 해야 한다는 말입니다. 공부하려고 이렇게 모여 있을 때, '누가 나보다 좀 더 잘하는가.' 하면서 그 사람을 깎아 내리고 자기가 올라가려는 생각을 해서는 안 된다는 뜻입니다. 시기심과 질투심이라고 표현했는데, 그 표현보다는 자기가 목표로 한 것, 또는 결의한 것을 지켜나가는 힘이라고 하면 좀 더 부드러운 표현이 될 것입니다. 서로가 정상적으로, 신사답게 경쟁하는 것은 좋은 일인데, 그렇지 않고 서로 시기하고 질투하지는 말자는 뜻입니다.

**다섯 번째, '공부를 오도(誤導)하고 있지 않습니까?'** 입니다.

자기가 일부러 오도하려는 것이 아니라, 아직 잘 이해되지 않은 상태에서 자기의 생각을 섞어서 다른 사람을 설득하는 경향이 있을 수 있습니다. 좀 더 깊어지면 '아, 이것만큼은 이제 내가 남에게 얘기해 줘도 되겠다.'라고 확신이 서면 그때는 얘기해도 됩니다. 그런데 아직 전혀 그렇지 않은 상태에서 함부로 얘기하는 것은 경계해야 합니다.

**여섯 번째, '스승과 제자가 서로 잘 소개되어 있다고 생각됩니까?'** 입니다.

여러분의 스승은 우주만물에 수없이 널려 있지만 지금 이렇게 앉아 있는 상태에서는 나와 여러분이 스승과 제자 간입니다. 그런데 우리가 서로 잘 소개되어 있다고 생각됩니까? 정말 그럴까요? 여러분은 아직 내가 누구인지 모르고, 나도 아직 여러분 속에 무엇이 얼마나 깊이, 어떻게 들어 있는지 잘 모릅니다. 그런 우리가 서로 잘 통하기 위해서는 서로 만나 벽을 허물고, 닫힌 문을 열어주고, 또 가득 담겨 있던 잡다한 것들을 꺼내서 빈자리를 만들어줘야 합니다. 가득 채워 놓고 문을 잠가 놓으면 어떻게 들어가겠습니까? 서로 잘 소개되려면 서로 마음을 비워줘야 합니다. 닫혀있던 문을 열어주고 서로가 통해지면 자연히 소개가 잘 될 것입니다.

**일곱 번째, '도반들을 사랑하고 도반들과 함께 하려 하십니까?'** 입니다.

내 마음이 동하면 여러분이 원하는 것을 들어주는 것은 아주 간단합니다. 여러분이 원하는 것을 그렇게 되도록 만들어 주는 것은 아주 쉽습니다. 그런데 '과연 그걸 가르쳐주는 것이 중요할까? 아니면 서로 간에 모여서 왜 만나야 하고 무엇을 하려고 하는지를 이해하는 것이 더 중요할까?' 이 두 가지를 놓고 망설이다가, 지금 어떤 기술을 배우고 어떤 술수를 배우는 것은 중요하지는 않다고 생각했습니다. 진실로 서로 이해하고 서로 통하고 서로 돕고 서로 사랑하는 그런 바탕이 중요한 것입니다. 우리가 모든 것을 하나하나 바르게 이해해 나갈 때에 '진리는 바로 이렇게 서로 사랑하도록 되어 있구나.'라는 것을 깨닫는 것이 중요하지, 어떤 기술을 배우는 것에 나는 크게 가치를 두지 않습니다. 한 사람이 진실로 평화롭게 되고, 진실로 훌륭한 인격이 되고, 존경받는 사랑이 충만한 자가 되는 것은 시간도 오래 걸리고 또 대단히 어렵습니다. 당장 술(術)을 배우는 것은 그다지 어렵지 않습니다. 그래서 이번의 과정을 '스승과의 만남'으로 정했던 것입니다.

'우선 만나고 보자, 만나서 진실로 우리가 무엇이 통해야 하는지 알아보자'라는 생각에서 이런 자리를 마련했습니다. 그런데 혹 여러분 중에, 이번 수련회 때 몇 가지 술(術)을 배우려고 했는데, 다 깨지는 게 아닌가 생각하는 분이 있을지 모르겠는데, 사실은 그것도 아닙니다. 왜냐하면 나와 개별적으로 만나는 시간이 별도로 있습니다. 그 시간에 자기가 꼭 원하는 것이 있다면 그렇게 되도록 해 드리겠습니다. 그러기 전에, 우리 전체가 그런 쪽으로 가는 것보다는 서로 사랑하는 터전이 되고, 서로 이해하고 협조하는 터전이 되기를 바랍니다.

그러니 여러분이 도반들을 진실로 사랑하고, 또 도반들과 함께 하도록 해야 합니다.

지난번에 중국 상해에 가보니까 정말 넓었습니다. 비행기를 타고 하늘을 한 바퀴 도는데 산이 안 보였습니다. 우리나라는 전부 꼬불꼬불 산이요 계곡입니다. 중국 같이 큰 나라는 비행기로 농사를 지을 수 있지만 우리는 호미로밖에 지을 수 없습니다. 또 중국은 소금호수가 있어서 바로 퍼 담으면 전부 소금이지만 우리는 물을 퍼 올리고 말려서 긁어모아야 합니다. 우리는 구리를 파려면 땅속에 들어가서 캐내야 하는데, 저들은 산이 전부 구리덩어리라서 위에서부터 그냥 깎아 들어갑니다. 이러니 경쟁이 안 됩니다. 자원도 없고 국토도 좁고, 거기에다 힘도 없고, 물려받은 재산도 없습니다. 아버지가 큰 부자였으면 아들이 좀 못났더라도 한참 동안은 떵떵거리고 사는데, 지금 우리는 모아 놓은 재산도 없습니다. 그러니 무엇으로 잘 살겠습니까?

상해에서 비행기가 떴을 때 보니까 하늘이 둘로 딱 나뉘어 있었습니다. 비행기를 타보면 묘하게도 하늘에 가로지른 선이 있는데, 위아래로 색깔은 비슷하지만 선명하게 나 있는 층이 있습니다. 그 층의 아래는 땅에 속한 하늘이고, 그 층 위는 하늘에 속한 하늘입니다. 유사 이래로 하늘에 속한 하늘과 땅에 속한 하늘이 그렇게 달라 보인 적이 없었을 것입니다. 선이 그어져 있는데 밑으로는 새까맣고 위로는 파랗습니다. 그건 땅에 속한 하늘은 전부 공해로 새까맣게 되었다는 것입니다. 그런데 그것이 어디에 있느냐 하면 바로 우리나라의 왼쪽에 있습니다. 가을이 되면 북서풍이 부는데, 바로 거기에서부터 바람이 불어옵니다. 그 탁한 공해가 전부 우리나라에 오는 것입니다. 큰일이 아닐 수 없습니다. 중국대륙이 열리고 우리도 잘 살아보자고 산업화되고 있는데, 우리는 팔아먹을 것도 없고 오히려 지금 중국 제품이 마구 들어옵니다. 지금은 소 먹이는 풀도 중국에서 수입됩니다. 우리 인건비가 높아서 풀을 베어 소를 먹일 수가 없습니다. 국제적으로 그런 상황이 되어 있는데 이렇게 되면 우리 기업들이 다 죽습니다. 정신 바짝 차리지 않으면 안 됩니다.

지금 농산물을 개방하라고 야단인데, 쉬운 생각으로 캘리포니아 쌀 가격이 우리의 1/7밖에 안하니까 '우리는 공장에서 물건을 만들어 팔고, 헐값의 쌀을 사 먹으면 안 되겠나?' 하는 생각이 들지 모릅니다. 천만의 말씀입니다. 쌀은 우리의 주식인데 그쪽만 믿고 있다가 흉년이 들면 어떻게 되겠습니까? 아직까지는 그럴 경우가 없겠지만 미국 쌀을 사먹다가 우리가 미국과 관계가 악화라도 되면 어찌되겠습니까? 생존에 대한 가장 기초가 되는 것은 우리 스스로 해결할 수 있어야 합니다. 그런데 그보다 더 큰 문제가 있습니다. 우리가 쌀농사를 지으면 거기에 물이 차 있어서 여름에 땅이 빨리 뜨거워지지 않습니다. 그래서 태풍이 늦게 올라옵니다. 9월이나 10월 초순 쯤 올라오는데, 만약에 논농사를 안 짓고 논에 물이 없으면 땅이 빨리 더워져서 초여름부터 태풍이 들이닥치게 됩니다. 그 다음에 논이 있으면 비가 올 때에 상당한 양의 물을 논이 가두어서 저장하게 되는데, 논농사를 안 지으면 논이 없어져서 물이 다 빠집니다. 그래서 논이 없어 빠져나간 물이 한 곳으로 몰아치게 되면 곳곳에서 홍수가 납니다. 그런 부분을 전혀 감안하지 않은 상태에서 지금 얘기를 하고 있습니다. 그러면 우리가 쌀시장을 개방하지 않겠다고 길바닥에 드러누우면 될까요? 어림도 없습니다. 그것은 지금 우리나라에서 쌀은 남아도는데, 그 외의 농산물은 자급자족이 30%밖에 되지 않기 때문입니다. 미국에서 다른 농산물을 끊어버리면 우리나라는 중대한 위협을 받게 됩니다. 지금 그렇게 우리 스스로가 자급자족이 안 되는 상황입니다. 어차피 쌀시장을 열어갈 수밖에 없습니다. 어차피 홍수도 만나야 합니다. 어차피 태풍을 맞아야 합니다. 거기에다 저 중국에서부터 날아오는 공해를 다 마셔야 합니다. 거기에다 어떻게 공산품이라도 파고들어가려고 하면 덤핑판정을 내려서 못 들어가게 합니다. 여러분의 숙명이 그렇게 되어 있습니다. 여기에서 어떻게 해야 할까요? 우리가 이제 살 수 있는 길은 딱 하나 밖에 없습니다. 그것은 우리의 좋은 머리를 개발하는 것입니다. 슬기를 개발하는 것입니다. 넓은 영토? 우리의 슬기를 거기에 쓰자는 것입니다. 많은 인구? 우리의 슬기를 거기에 쓰자는 겁니다. 많은 자원? 우리의 슬기로 이용하자는 것입니다. 아까 내가 옷 얘기를 하면서 우리가 지금 세계인으로 성장해야 하는데 민족주의, 국수주의적으로 폐쇄적이 될까 해서 망설였다는 얘기를 했듯이, 지금 우리는 세계인이 되어야지 한국인이 되어서는 안 됩니다. 세계인이 되어서 세계 각지에 있는 물적 자원, 인적 자원 모든 것을 우리의 슬기로 쓸 수 있는 그런 한국인이 되어야 합니다. 그러기 위한 시작으로 지금 2층에 '범슬기 운동본부'를 만들었습니다. 우선은 우리 자신부터 적극적으로 참여해서 다지면서 밖으로 나가고, 앞으로 많은 사람에게 홍보하고, 각 학교도 참가시켜서 상도 주고 할 계획입니다. 그리고 안내 책자도 만들어서 곳곳에 알릴 것입니다. 사람들이 저마다 주위에서 좀 더 개선하고 개량하고 좀 더 편리하게 하는 그런 슬기를 일깨울 수 있게 해야 합니다. 지금 매주 토요일을 '슬기의 날'로 제정·선포했는데, 시작은 매주 토요일로 했지만 내가 바라는 것은 그 다음에는 금요일까지 가고, 그 다음에는 목요일까지 가고, 또 수요일, 화요일 이렇게 해서 일주일 내내 슬기로운 삶을 살 수 있게 되는 것입니다. 지금 우리의 슬기를 일깨우는 것은 시대적인 요구이기도 하고, 그렇게 안 하면 안 된다는 절체절명의 요구이기도 합니다. 우리가 슬기를 자꾸자꾸 일깨워나가면 결국 부처님과 같이 될 것입니다. 작은 슬기에서부터 큰 슬기를 일깨워내면 크게 깨우치는 것이니 바로 부처가 되는 것입니다. 결국 슬기를 일깨우는 이 운동은 우리공부와 바로 직결됩니다. 자칫 잘못 생각하면 슬기를 일깨우는 이 운동과 우리공부가 다르지 않나 생각할 수 있는데 절대로 그것이 아닙니다. 공부하는 사람이 자기 자신과 자기 주변에서부터 모든 것을 더욱 더 슬기롭고 지혜롭게 하려는 그 노력이 공부입니다. 그것을 크게 깨우치면 대각(大覺)을 하게 됩니다. 이것은 우리가 반드시 해야 하는 일이니, 도반을 사랑하고 도반들이 하려는 것을 함께하는 노력이 있어야 합니다.

**여덟 번째, '스승을 사랑하고 스승과 함께 하려 하십니까?'** 입니다.

어떻게 하면 공부를 잘하느냐 하면 스승을 사랑하면 공부를 잘 할 수 있습니다. 학교 다닐 때에 경험해 보셨을 겁니다. 선생님이 미우면 그 과목은 점수가 안 올라갑니다. 그런데 그 과목을 가르치는 선생님을 사랑하게 되면 그 과목이 너무도 좋아집니다. 그래서 여러분이 스승을 사랑하는 마음이 있어야 그 스승의 공부를 잘 할 수 있습니다. '스승은 미워하고 공부만 하자'라는 것은 안 됩니다. 그리고 그 스승과 함께하는 것 또한 대단히 중요합니다.

**아홉 번째, '주를 사랑하고 주께서 사랑하는 것을 사랑할 수 있습니까?'** 입니다.

사실은 조금 전에 되돌아간 분이 한 분 있었습니다. 여기까지 쭉 올라오다가 '주'라는 말이 나오니까, "나는 종교는 딱 질색이야"라고 하면서 가버렸습니다. 나는 왜 '주'라는 것을 종교의 전용물이라고 생각하는지 모르겠습니다. 주는 우리의 몸과 감각과 감정과 생각과 마음과 영혼의 주체를 말합니다. 그런데 예전에는 여자가 결혼하면 남편을 '우리 주인'이라고 불렀습니다. 또 남편은 아내를 '임자'라고 했습니다. '내 주인', '내 임자'라고 한 것입니다. 그 말이 어떻게 해서 종교의 전용물처럼 되었는지 모르겠습니다. 여러분 속에서 진실로 자기의 중심이 되어 있는 것은 자기의 주인입니다. 그건 종교와 무관합니다. 그것을 '주', '주님'이라고 하니까 종교와 결부시키면서 부정하며 되돌아가 버린 것입니다. 그건 포장을 뜯어보지도 않고 겉포장만 보고 버린 것과 같습니다. 누가 선물을 주면 포장지만 보고 '에이' 하고 버리는 것은 어리석은 짓입니다. 포장지를 뜯고 안을 들여다봐야 합니다.

그리고 마지막 **열 번째, '주와 함께 할 수 있습니까?'** 입니다.
'진실로 자기의 가장 근원, 자기의 가장 중심과 자기가 일치할 수 있습니까?'라는 뜻입니다. 자기의 중심은 따로 있고, 자기가 하는 일이 따로 있는 상태로 겉돌면 안 됩니다. 자이로스코프(Gyroscope)라는 것이 있는데, 그것은 이렇게도 돌고 저렇게도 돕니다. 그걸 가방에 넣어서 들고 가면 희한하게 움직입니다. 움직이는 방향이 세 방향이 있는데, 각각 제멋대로 움직이니까 가방에 넣어서 가면 가방이 제멋대로 움직입니다. 그것처럼 사람도 자기의 중심과 자기가 행하고 있는 것이 따로따로 놀면 자이로스코프(Gyroscope)가 멋대로 움직이는 것과 똑같이 됩니다. 그렇게 안 되도록 해야 합니다. 우리의 가장 중심에는 그를 '주'라 하든, '하느님'이라 하든, '부처님'이라 하든, '참나'라고 하든 간에 자기 속에 거주하고 있는 마음이 있습니다. 그 한층 바깥에는 외부의 다른 상황들과 연관이 되어 움직이는 사고의 영역(領域)이 있습니다. 그 다음에는 외부 상황과 적극적으로 반응하는 바깥 표층인 감정의 층이 있습니다. 이 세 가지가 마치 자이로스코프(Gyroscope)처럼 멋대로 놀면 제멋대로 가게 됩니다. 그러니 마음 다르고 생각 다르고 감정 다르게 제각각 놀면 안 됩니다. 그래서 '주와 함께 할 수 있습니까?'라고 하는 것은 '자기의 마음과 생각과 감정의 세 층이 온전히 일치해서 행할 수 있습니까?'라는 뜻이 됩니다. 이 세상의 어떠한 것도 완벽한 것은 없습니다. 다만 완벽하려고 노력하고 있을 뿐입니다. 내 마음에 티끌 하나도 없이 소제를 했다고 해서 항상 맑으냐? 어느 사이엔가 또 혼란이 생깁니다. 어느 사이엔가 티끌이 쌓입니다. 그렇기 때문에 끊임없이 노력해가야 합니다.

불교에서는 지금까지도 돈오돈수(頓悟頓修)와 돈오점수(頓悟漸修)를 놓고 격론을 벌입니다. 돈오돈수를 지지하는 쪽에서는 '한 번 확철대오(廓撤大悟) 했으면 그만이지 뭘 자꾸 깨달으려 하느냐, 더 노력하지 않아도 된다.'라는 것이고, 돈오점수를 지지하는 쪽에서는 '한 번 깨달았다 할지라도 그 깨달음을 유지하기 위해서는 끊임없이 노력해야 한다.'라는 주장입니다. 이 둘을 놓고 격론을 벌이는데, 나는 여러분에게 돈오점수를 얘기하고 싶습니다. 우리는 끊임없이 외부 상황과 부딪치고 있습니다. 때문에 자기가 어느 순간 깨달았다고 해서 그것이 항상 그대로 유지되지 않습니다. 누가 날보고 "스승님은 돈오돈수입니까? 돈오점수입니까?" 하길래 이렇게 대답했습니다. "태양도 돈다. 태양이 태양계의 중심이 아니다. 태양은 태양계의 중심에 가장 가까이 있을 뿐이다." 태양 속에 태양계의 중심이 있을 수 있습니다. 그러나 때로는 태양 밖에 태양계의 중심이 있을 수도 있습니다. 그러면 태양은 자기가 태양계의 중심이 되기 위해서는 그 중심을 찾아 들어가야 합니다. 태양도 그러한데 하물며 끊임없이 외부와 접촉하면서 출렁거리고 있는 우리 인간이 항상 완벽할 수 있겠습니까? 다만 완벽하려고 끊임없이 노력해가야 하는 것입니다. 여러분이 올라오시는 도중에 이미 좋은 공부를 하면서 여기까지 오신 줄로 믿고 시간이 많이 지났으니까 잠시 몸을 풀도록 합시다.

(몸을 풀면서)

사람들이 '중(中)'을 중심이 잡힌 것으로 생각하니까 꼼짝도 않는 것으로 알기 쉬운데 그것이 아닙니다. 예를 들어 나무가 중심이 잡혔다는 것은 그림같이 서있는 나무를 얘기하는 것이 아닙니다. '바람이 불면 흔들린다. 그러나 쓰러지지 않는다.' 그것이 중심이 잡혀있다는 말입니다. 여러분도 마찬가지로 중심을 잡는다고 한 시간이든 두 시간이든 꼼짝 않고 앉아있으면 나중에는 굳어져서 말도 잘 안 나옵니다. 그러면 죽은 것이 됩니다. 주위 사람들에게 피해를 줄 정도로 산만하게 하면 안 되겠지만 조금 불편하면 몸도 흔들흔들하면서 풀어도 됩니다.

이 우주는 두 가지의 기운으로 이루어져 있습니다. 그걸 긴장과 이완, 또는 수축과 팽창, 또는 엔트로피 증가계와 엔트로피 감소계로 얘기할 수 있습니다. 질서 있게 되는 계와 무질서하게 되는 계로 말할 수도 있고, 주기적인 계와 비주기적인 계, 규칙적인 계와 비규칙적인 계로 말할 수도 있는데, 그런 두 세계가 맞물려서 돌아가고 있습니다. 여러분 속에서도 마찬가지로 그렇게 돌고 있습니다. 태극기를 보면 음양(陰陽)이 서로 맞물려서 돌아가고 있는데, 그렇게 맞물려 돌아가기 때문에 어느 하나만 유지하겠다는 것은 대단히 힘이 듭니다. 힘도 들지만 상당히 불합리합니다. 그렇기 때문에 참선을 할 때도 동선(動禪)을 하다가 정선(靜禪)을 하다가 하면서 바꿔가며 해야 합니다. 꼼짝도 하지 않는 정선을 하다가 움직여주는 동선으로 자연스럽게 바꿔가면서 하는 것이 좋습니다. 그런데 필요에 따라서는 강제적으로 하는 경우도 있습니다. 가령, 스프링을 튕겨내려면 스프링을 누르는 행위가 있어야 합니다. 누르는 행위가 있어야 놓으면 탁 튕겨납니다. 그러기 위해서는 거기에 맞는 수련을 해야 합니다. 그러나 그런 경우를 제외한 일반적인 상태에서는 너무 긴장하거나 너무 산만하게 하지 말고 자유롭게 바꿔가며 하면 좋겠습니다.

지금까지 설명을 해오는 중에 아까 '스승과 제자가 서로 잘 소개되어 있다고 생각됩니까?'라고 했는데, 여러분은 내가 어떤 사람인지 아십니까? 서로를 좀 더 잘 아는 방법이 있는데, 그것은 노래를 같이 불러보고, 술도 같이 마셔보고, 목욕도 같이 가고 하는 것입니다. 그런데 지금 그렇게 할 수는 없으니 일단 설명으로 하겠습니다. 우리는 이 세상을 살아가는 한 어쩔 수 없이 가면을 쓰고 살아갑니다. 가면을 쓴다는 것은 자기 인격을 유지한다는 얘기와 같습니다. '가면은 나쁜 것이다.' 이것이 아닙니다. 어떤 면에서는 자기가 '아, 이것은 지켜야 되겠다.', '이것은 풀어나가도 좋겠다.' 하는 것을 스스로 결정해 나가면서 사는 것이지 적나라하게 자기가 완벽하게 드러내면서 사는 것이 아닙니다. 거의 대부분 가려져 있는 상태로 살아갑니다. 이것을 좀 더 가깝게 하려면 가려져 있는 것을 조금씩, 조금씩 열어야 합니다. 나는 분위기가 딱딱하거나 긴장된 것을 상당히 싫어하는 편입니다. 조직도

층층이, 층층이 되어있는 것은 싫어합니다. 그래서 좀 더 부드럽게, 자세도 얼굴 표정도 부드럽게 하면 좋겠습니다.

   내가 긴 얘기를 했는데 그것은 여러분 마음속에 다 있는 것을 다시 한 번 끌어내어 일깨우는 얘기였습니다. 이제 이것은 내가 설명을 하지 않고 그냥 읽기만 할 테니 마음으로 들어보시기 바랍니다. 우리 인간이 접하는 수많은 것들 중에는 좋은 것도 있고 싫은 것도 있습니다. 될 수 있으면 내가 좋은 것을 만나고 싫은 것은 안 만나면 좋겠습니다. 이건 '가능하면 좋은 것들을 한 번 적어보자' 해서 적어본 것입니다. 그렇다고 그냥 생각나는 대로 적은 것은 아니라 깊은 내면에서 대화하는 식으로 적은 것입니다. 설명 없이 읽을 테니 여러분이 이번 공부하는 도중에 하나씩 하나씩 음미해 보시기 바랍니다.

- 진실을 말할 수 있는 자리가 되면 좋겠습니다.
- 진리가 실행되는 세상이 되면 좋겠습니다.
- 사랑이 실천되는 터전이 되면 좋겠습니다.
- 서로를 필요로 하는 자들이 되면 좋겠습니다.
- 소란스럽지 않으면서 활기찬 모임이 되면 좋겠습니다.
- 서로 비난하지 않으면서 자상하게 이끌어주는 도반들이 되면 좋겠습니다.
- 서두르지 않으면서 착실하게 진행하는 태도면 좋겠습니다.
- 아껴 써야 할 것과 과감하게 써야할 것을 잘 구분하여 바르게 쓰면 좋겠습니다.

- 소멸시킬 것과 생장 보존시킬 것을 구분하여 행하는 의로움이 있으면 좋겠습니다.

- 설명과 살 명은 보존되고, 투정과 죽음은 제거되도록 하면 좋겠습니다.

- 스스로 독이 되지 않고 스스로 약이 되면 좋겠습니다.

- 진실로 가치 있는 것은 실제 삶에 필요한 것으로 환원되면 좋겠습니다.

- 자신과 자신의 주위가 더욱 개선되고 개량되어 더욱 편리하고 좋게 되도록 노력하는 제자들이 되면 좋겠습니다.

- 부질없고 쓸모없는 무가치한 것들에 자신이 소모되지 않도록 절제하는 수도인들이 되면 좋겠습니다.

- 주를 사랑하고 주께서 사랑하는 것을 사랑하며, 주와 함께 하기를 원하는 제자들이면 좋겠습니다.

- 세상도리를 무시하지는 않지만 세상도리에만 묶이지 않고, 주계도리를 따르려는 제자들이면 좋겠습니다.

- 서로 평화롭게 되고, 스스로 서며, 고요한 기쁨이 충만한 주계도리를 진실로 실천하는 제자들이면 좋겠습니다.

　내 속에서도 정말 이렇게 바라고, 여러분도 다들 이렇게 바라는 마음이면 서로 잘 통하게 될 것입니다.
　모쪼록 좋은 시간이 되기 바랍니다.

# 5

사물의
본질을
보아야 한다

이 세상 모든 것을 '탈것'으로 삼기 바랍니다. 모든 상대를 비판의 대상이나 투쟁의 대상으로 삼지 말고, 교류와 사랑의 대상으로 삼아서 서로의 상승효과를 가져와 영적 대도약을 이루기 바랍니다.
..........
일 시 : 1994년 9월 10일
장 소 : 대전 남부프라자

    먼 길을 무탈하게 잘 다녀오신 것을 환영합니다. 여러분이 내건 <세계로, 미래로>란 매력적인 슬로건의 실천에 어떤 복병들이 숨겨져 있는가에 대한 좋은 경험이 되었을 것입니다. 그런 면에서 이번 여행이 값진 여행이 되었으리라 생각합니다. 거대한 영토, 많은 인구, 유구한 역사를 지닌 인도는 엄청난 잠재력을 지닌 나라임에 틀림없습니다. 인도대륙은 지질학적으로 적도 남쪽에서부터 올라와 아시아 대륙의 밑으로 밀려들어가면서 세계의 지붕인 히말라야를 밀어 올리고 있는 모습입니다. 가도 가도 끝이 없는 대평원으로 이루어진 나라, 자를 대고 마음껏 그어 볼 수 있는 나라, 그러한 곳에서 대자대비(大慈大悲)의 사상인 불교가 발생했다는 것이 부럽기조차 합니다. 또한 ── 이와 같이 횡(橫)으로 이루어진 대평원에서, │ 이와 같은 종(縱)의 '카스트'라는 계급제도가 ╋ 이와 같이 어울려 형성되어 온 것이 조화롭게 보이기까지 합니다. 물론 계급이 세습되어지는 것은 분명히 반대하지만 인간을 냉철하게 관찰해보면 인간은 하늘과 땅 사이만큼이나 높낮이가 있어서 ( $-\frac{天}{人}_{地}$ )으로 표시하는 것보다 ( $\updownarrow\frac{天}{人}_{地}$ ) 으로 표시하는 것이 더 정확할 것입니다.

우리는 언제부터인가 '민주'와 '평등'이 모든 것을 해결할 수 있는 마법이라도 지닌 것 같은 환상에 사로잡혀 있습니다. 만약에 ( $\updownarrow$ ) 이러한 높낮이가 없다면 부모와 자식, 스승과 제자의 구별이 없어져서 서로 맞대결을 해야 할 관계가 되어버리지 않을까요? 마르크스가 말한 유토피아는 모든 인간의 본성이 어떤 경지에 이르렀을 때 가능합니다. 인간 본성의 정화 내지 승화를 이루지 않은 상태에서 성급하게 사회에 적응하려고 했던 공산주의는 70년 만에 무너지고 말았습니다. 인간의 속성에는 남의 호의를 받아들이는 데는 익숙하지만 남에게 호의를 베푸는 데는 극히 인색한 면이 있습니다. 그런 속성을 일깨우기 위해 부처님은 보시(布施)를 제일 공덕으로 가르치지 않았나 생각합니다. 그것이 잘못 인식되어져서 지금의 인도에는 거지들이 추호도 부끄럼 없이 당당하게 손을 벌리게 되었습니다. 이렇게 진리가 왜곡된다는 사실도 우리는 간과해서는 안 됩니다. 또한 사랑과 용서, 평화와 이해에 사람들을 동참시키기는 어렵지만 분노와 미움에 동참시키기는 극히 쉽습니다. 왜냐하면 정화 내지 승화되지 않은 인간의 내면에는 악의 뿌리인 분노와 미움이 크게 자리 잡고 있기 때문입니다. 분노와 미움을 자극해서 전쟁을 일으키고, 파괴하고 약탈하게 한 자들은 지도자로 군림했고, 사랑과 이해와 용서를 실천한 성자(聖者)들은 오히려 사람들로부터 배척당해 왔습니다.

다음에는 인도대륙의 모양에 대해 살펴봅시다.

인도대륙을 보면 꼭 자식을 젖먹이는 엄마의 젖가슴 같습니다. 그리고 인도 밑에 따로 떨어져 있는 섬 스리랑카는 젖 방울 같습니다. 인도에서 발생한 불교문화가 스리랑카에서 융성해지고 동쪽으로, 동쪽으로 나아가 미얀마, 라오스, 태국, 중국, 한국, 일본 등으로 뻗어나갔습니다. 이는 한때 융성했던 불교가 인도에서는 쇠퇴하게 되는 것이, 젖이 퉁퉁 불었다가 가슴에 안긴 자식에게로 빠져 나가는 것과 같습니다. 달마(達磨)가 동쪽으로 간 이유는 극히 자연스러운 氣의 현상입니다. 사실은 이슬람교에 쫓겨 갔지만 말입니다. 그렇게 동쪽 끝나라 까지 온 사상(思想)은 이제 어디로 갈까요? 자식이 훌륭하게 장성하면 더욱 완성된 지혜를 부모에게 돌려주는 것이 진리가 아닐까요. 여러분이 인도에 우리 법을 들고 나간 것은 이러한 법칙의 실현인 것입니다. 수(數)와 량(量)에 비중을 두던 시대에서, 소(素)와 질(質)에 가치의 비중을 두는 시대로 변하고 있는 이때에, 인도의 영토가 크고 인구가 많은 나라라는 것은 오히려 걸림돌이 됩니다. 싱가포르를 보십시오. 작기 때문에, 그리고 해로(海路)의 맥점에 위치하고 있기 때문에 그 나라는 능률과 효율의 표본이 될 만합니다. '우리'가 되기 위해서는 철저한 '너'이어야 하듯이, 인도는 특색 있는 지방자치, 분권화를 해야 한다고 생각합니다.

우리가 국가와 민족, 종교와 사상, 남녀노소를 초월하여 만난다고 하는 것은 그들을 하나로 만든다는 것이 아니라, 특색 있는 그들로서의 존엄성을 지닌 것을 인정하면서 만나는 것입니다. 네가 내가 되어서 모이면 내가 있을 뿐입니다. 우리는 남의 것을 존중하고, 상대를 짓밟지 않고 자기로 동화(同化)시키려 들지 않고 만나야 우리가 이루려는 '한울세상'이 됩니다. 여러분이 본 인도의 현실은 여러분의 관념과 지식, 관습과는 상반되는 여러 가지를 경험할 수 있었으리라 생각합니다. 진리를 구하려는 자는 모든 사물을 볼 때 근원에서부터 사물의 본질을 보려고 해야 합니다. 그러기 위하여 선각자(先覺者)인 큰스승을 따르는 것입니다. 세상에는 여러 종류의 스승이 있습니다. 학원의 스승은 한 가지 과목이나 한 가지 기술을 가르치고 그 대가로 돈을 받습니다. 학교의 스승은 그 가르침에다가 인간 됨됨이까지 가르치고 그 대가로 돈과 존경을 받습니다. 사회적인 스승은 윤리와 도덕, 정의와 예절, 덕망과 착함을 가르치고 그 대가로 사랑과 존경과 권위를 인정받습니다. 그러면 큰스승은 무엇을 가르치고 어떤 대가를 받을까요? 큰스승은 윤리와 도덕, 정의와 예절, 덕망과 착함, 이런 모든 것을 근원에서부터 본질을 바라보라고 가르칩니다. 그리고 자신이 깨달은 바로 정의를 내리고 실천에 옮깁니다. 그리고 그 대가로 새로운 도리를 창조하고 새 세상을 이룸으로써 사랑과 존경을 받으며, 영적 승화를 이루도록 안내하는 영적 지도자가 됩니다. 그러나 사람들은 '큰스승'이라고 말은 하면서도 기존의 사상의 틀(유교사상, 불교사상, 기독사상 등) 속에서 판단하고 그 사상들에 따르라고 합니다. 그들에게는 큰스승이 필요치 않은 것입니다. 진리를 추구한다는 것은 숙련되어지는 것이 아니라 깨닫는 것이므로 모든 것의 근원에서 출발하여 본질을 궁구(窮究)해야 합니다. 우리가 이해해야 하는 가장 밑바탕은 시간과 공간입니다. 그리고 생명체가 존재하게 된 원인, 즉 '무기체에서 왜 유기체인 생명체가 필요하게 되었을까?' 그리고 '그 유기체는 왜 음양(陰陽)으로 나누어지는 성(性)의 분화(分化)를 필요로 했을까?' 그리고 '성의 만남을 통해서 무엇을 이루고 있는 것일까?' 하는 것을 바로 알아야 합니다. 이렇게 바라보면 '우주가 어디에서 어디로 가고 있는가.' 또한 '우리는 어디에서 어디로 가고 있는가.'를 깨달을 수 있습니다. 이러한 우주의 흐름에 맞추는 삶을 순리(純理)하는 삶이라고 하고, 그와 반대되는 삶을 역리(逆理)하는 삶이라고 합니다. 도덕과 윤리와 법 등은 그 시대와 역사적 배경 속에서 설정한 보편적인 것에 지나지 않습니다. 여러분이 이번 인도 여행에서 인도인들의 시간에 대한 개념, 성에 대한 개념, 만남에 대한 개념을 어떻게 갖고 있느냐 하는 것을 제대로 보았다면 인도가 어디에서 어디로 가고 있는가를 알 수 있었을 것입니다.

　우리는 작은 예시에서 큰 것을 읽어낼 수 있습니다. 생각해 보면 작년에 여기 본부도량에서 내가 설법을 하고 있을 때, 4층의 쓰지 않던 주방에서 불이 나서 여러분이 한 제도들을 들고 인도(人道)를 건너서 서울지역 수도자들이 공부하던 서부도량으로 급히 옮겼던 일이 있었습니다. 그것이 이번에 인도라는 서쪽나라에 가서 제도를 전시하게 된 예시였던 것입니다. 불이 나서 급히 제도를 들고 인도를 건넌 것처럼 그렇게 급하게 움직이다 보니 이번 전시가 충분한 준비도, 계획대로 잘 진행되지도 않았던 것입니다. 앞으로는 보다 대비를 철저히 하기 바랍니다. 아울러 여러분이 앞으로 이 법을 세상에 펴려면 절대로 개인 공부에 치중해서는 안 됩니다. 개인 공부에 치중하면 반드시 자기 개인이 어떻게 되어야 한다는 전제 때문에 전체적인 향상에 기여하기보다는 극히 이기적이게 됩니다. 그러면 큰 법을 이해하려고 하기보다는 서로 비판하게 됩니다. 그러므로 개인 공부가 아니라 근원과 온전히 하나가 되려고 해야 합니다. 그래야 자기 내부에서 일어나는 온갖 상대적인 갈등으로부터 벗어날 수 있습니다.

여러분의 이번 여행은 얕게 심었든 깊게 심었든 간에 씨를 심고 온 것입니다. 우리의 영혼도 씨가 땅에 심어지는 것과 같습니다. 업장(業障)은 한자로 볼 때, '해야 할 일거리가 저장되어 있는 것'이라 할 수 있는데, 업장이 깊다는 것은 내재되어 있는 절대성이 너무 깊이 묻혀서 햇빛도 물도 닿지 않는 상태에 있는 것과 같습니다. 씨가 너무 깊게 묻혔으면 흙을 걷어내야 하듯이 업장이 깊은 자는 스스로 뼈를 깎는 노력이 필요합니다. 반대로 업장이 너무 얕으면 얕게 묻힌 씨앗이 새나 벌레들에 의해 먹히듯이, 업장이 너무 없어도 자기 보존이 어렵습니다. 그러므로 업장이란 좋다, 나쁘다는 개념으로 이해할 것이 아니라 적당한 일거리를 갖거나 적당한 짐으로 기능하여 추진력이 생기게 함으로써 삶의 활력이 되는 것이라고 보는 것이 옳습니다. 업장이란 이 세상에서 자기가 해야 할 사명(使命)과도 같은 것입니다.

불교에서 말하는 열반(涅槃)이란 일거리가 없어져서 이 세상에 태어날 필요가 없게 된 것을 말합니다. 그것은 이 세상을 고해(苦海)로 보는 바탕에서 본 최고의 경지입니다. 그러나 끊임없는 새로운 창조가 우주의 목적이라면 오히려 적당한 업장을 갖고 태어난 것이 우주의 이치에 순리하는 것이 아닐까요? 평화와 안락을 위해서라 할지라도 전혀 일거리가 없는 상태, 아무런 만남이 없는 그 무료함을 인간이 극복할 수 있을까요? 중죄인은 독방(獨房)에 넣습니다. 창조에 동참하지 않고 열반에 들기만을 바라는 것은 어쩌면 독방에 스스로 갇히려는 것이 아닐까요?

누군가 인도가 가난하고 열악한 환경이라서 수도자에게는 오히려 좋은 터전이라고 말했습니다. 나도 한때에 열악한 환경을 견딜 수 있어야 하고, 혼자가 되는 것을 두려워해서는 안 된다고 말한 적이 있습니다. 이 말은 그런 상태가 되어야 수도를 할 수 있다는 뜻이 아니라, 그런 상태가 되더라도 극복할 수 있어야 한다는 뜻입니다. 해발 8,000미터가 넘는 에베레스트 정상을 오르는 자는 이미 해발 수천 미터 위에서 시작합니다. 그와 같이 우리 인류가 이루어 놓은 문화와 문명을 탈 것으로 삼아야지 굳이 외면할 필요는 없습니다. 인도인들이 흰 소를 신성시한다든지, 왼손으로는 뒤를 닦고 오른손으로는 밥을 먹는다는 등의 관념은 빨리 시정되어야 합니다. 좌우는 동등하게 교류되어야 하며, 상하는 이상과 현실의 좌표입니다. 좌우가 동등하게 교류되어서 상승효과를 거두어야 합니다. 우리의 상징인 ⊗ 처럼 여러분이 다녀오신 인도도 공간적으로는 어떻게 효율성 있게 나누어서 자율적으로 운영될 것인가, 시간적으로는 오랫동안 식민지로 착취당하고 굴욕 당했던 역사를 어떻게 뛰어넘는가, 모든 빈곤과 열악한 환경, 그리고 인구증가를 어떻게 둔화시킬 것인가 등이 그들이 해결해야 할 당면 과제일 것입니다.

세계적 냉전체제가 무너지고, 죽(竹)의 장막, 철(鐵)의 장막 등으로 불리던 장벽이 무너지고, 또한 새로운 체제가 열리면서 우리는 '세계로 미래로'라는 구호 아래 금방이라도 세계를 한 주먹에 쥘 수 있을 것 같은 가슴 뿌듯한 환상에 젖기도 합니다. 그러나 미래 세계의 주역이 되어서 미래 인류를 주도하기 위해서는 범국가, 범민족적으로 받아들일만한 철학과 사상, 그리고 그것을 받쳐줄 만한 힘을 지니고 있어야 합니다. 또한 그들이 누릴 수 있는 매력적인 것들을 가지고 있어야 하며, 남에게 지지 않으려는 개척의 열망이 팽배하고, 영광과 운명에 대한 신비로운 사명감이 널리 퍼져있어야 하며, 개개인의 충정어린 열망을 집단의지로 점화할 수 있을 때에 가능한 것입니다. 그러기 위해서는 충정어린 자기 헌신 없이는 안 됩니다. 살아있는 유기체는 자기의 일부가 예정에 따라 죽어주지 않으면 살아갈 수 없듯이 자기분발과 자기희생을 기꺼이 수락할 수 있어야 합니다. 또한, 세계가 개방되어 이웃이 문을 활짝 열어젖히고 있다 해도 서로 주고받을 거리가 없어서 교류가 이루어지지 않는다면 스스로 고립과 더불어 자멸의 길을 걷게 될 것입니다. 따라서 우리는 이웃이 정신적, 물질적으로 무엇을 필요로 하는지를 연구하고 개발하는 데 최선을 다해야 합니다. 이웃과 교류가 되지 않는다는 것은 마치 무생물이 닫힌 화학반응을 함으로써 축적된 내부에너지를 다 소모하고 나면 붕괴되어버리는 것과 같습니다. 이에 반해 살아있는 생물은 주위환경에서 에너지를 뽑아오고 주위 환경에 중요한 역할을 함으로써 상호 대사(代謝)를 이룹니다. 이와 같이 내적 활력이 팽만하여 이웃과 개방되어 교류와 교역이 활발하게 되어야 상승효과를 높이게 됩니다. 이것을 그림으로 보면 다음과 같습니다.

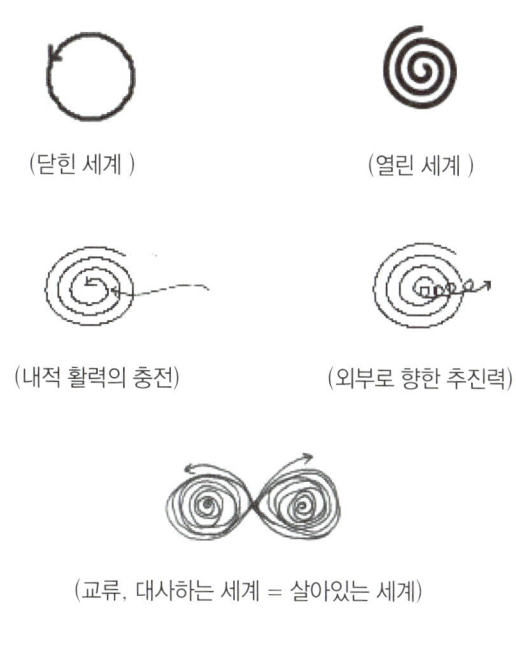

(닫힌 세계 )          (열린 세계 )

(내적 활력의 충전)    (외부로 향한 추진력)

(교류, 대사하는 세계 = 살아있는 세계)

(대사를 통한 상승의 세계로,  으로 표현할 수 있다)

🌀 이것이 한울수도자 여러분이 추구하고 있는 표상입니다. '세계로, 미래로' 이 얼마나 매력적인 구호입니까. 그러나 나아가려는 데 가로막는 것들이 무엇인가를 알아야 합니다. 단절, 격차, 장벽, 이들은 분명 서로 통하고 확산하려는 기운을 저해하는 것들입니다. 한 마리의 박테리아가 아무런 방해를 받지 않고 최적의 환경에 있다면 이틀이면 지구를 다 덮을 수 있다고 합니다. 진실로 여러분이 '세계로, 미래로' 나아가려면 이러한 격차, 단절, 장벽을 극복하고 서로 잘 통해야 합니다. 거기에는 의식주, 관혼상제, 성(性)의 습관 등이 범국가, 범민족이 기꺼이 따르고 싶어 하는 것으로 연구하고 개선되어야 합니다. 대사를 통한 상승은 전체적인 열망과 신성한 사명감으로 공감대가 형성되어 물리적 능력과 영적 감화력과 함께 특수한 역사적 기회가 맞아떨어져야 이뤄집니다. 서로간의 한 서린 깊은 골을 메우지 못하고, 서로의 전통과 풍속의 격차를 좁히지 못하고 끝없는 저항을 받게 되면 아무리 활력 있는 구호를 합창한다 해도 끝내는 지쳐 쓰러지고 말 것입니다.

우리민족이 세계의 주역이 되고자 하는 데 어떤 지장들이 있을까를 생각해 보았습니다.

**첫째로는,** 우리가 단일민족이라는 사실입니다. 단일민족이 세계사를 주도하면 타민족에게 열등감을 자극하거나 패배의식을 심어주므로 강한 저항에 부딪힙니다. 게르만 민족의 우월성을 자랑하던 히틀러는 러시아를 침공할 때 '러시아는 게르만의 밥'이라고 했습니다. 그러니 러시아인들은 만약에 자신들이 질 경우 패전국민으로서 당해야 할 수

모와 억압을 생각하면 목숨 걸고 싸우지 않을 수가 없었던 것입니다. 만약에 내가 히틀러였더라면 "스탈린의 압제 하에 고통 받고 있는 그대들을 구원하기 위하여 그대들의 친구, 그대의 형제들이 해방군이 되어 왔노라."라고 했을 것입니다.

**둘째로는,** 문화적 이질성(異質性)은 타문화에 저항을 받습니다. 이스라엘이 나라를 잃고 세상에서 방황하는 중에 세계문화의 공통성을 흡수함으로써 지금은 세계의 모든 것에 영향력을 행사하고 있는 반면, 내륙에 고립되어 버린 몽골리언은 역사의 뒤안길을 걷고 있습니다.

**셋째로는,** 우리는 형용사가 많은 어려운 언어(言語)를 가지고 있습니다. 형용사가 많다는 것은 감정이 예민하다는 것이고, 예민하니까 무언가를 쉽게 버릴 수가 없습니다. 쉽게 팽개쳐 버릴 수 없으니 응어리지고 한(恨)이 맺힙니다. 그 한을 안고 기다리며 살아온 우리민족이 갖고 있는 것이 한글입니다. 우리 한글은 알이 분화하는 모양을 바탕으로 만들어진 모음(母音)과, 그 모성(母性)에 의해 그의 외각(外角)에 나타나는 여러 아들들의 모습으로 탄생한 자음(子音)이 어우러진 모습입니다. 이런 우리 한글은 우주의 본질을 신비롭게 단순화시킨 환상적이고 아름다운 글인 동시에 과학적인 글입니다. 그러나 다른 민족이 배우기에는 엄청난 헷갈림을 반복해야만 비로소 조금 사용할 수 있는 글입니다.

널리 펴려면 높이를 낮추어야 합니다. 나는 세상에 널리 퍼져 있는 종교들을 보면서 '어찌 저런 유치한 논리를 저 많은 사람들이 추종하고 있을까?' 반면에 '아인슈타인의 상대성 이론은 소수만 깊이 알고 응용하고 있는 반면 왜 구체적으로 널리 퍼지지 않을까?'라는 것을 생각해 보았습니다. 그런데 잘 보면 위로 올라갈수록 좁아집니다.

∧와 같이 되어야 '베르누이 법칙'에 의해 추진력이 강해집니다. 만약에 하나의 난자에 모든 정자가 들어간다면 정자들은 난자로 향한 추진력을 잃어버리고 말 것입니다. 그런데 좁혀서 통과하기 어렵게 하는 것이 비범한 소수를 고르는 데는 합당하지만 널리 펴는 데는 합당하지 않습니다. 영어를 쓰는 민족이 세계를 제패하고 있는 것도 영어의 구성이 단순하다는 것이 일익을 담당했으리라 생각합니다.

**넷째로는**, 우리의 생활방식이 과연 세계인이 본받을만하고 그들이 누릴 만한 것이 있는가 하는 것입니다. 내가 일본에 갔을 때 느낀 것은 그들의 근면하고 검소하고 질서정연한 것과, 전체를 위하여 개인의 수고를 감수하는 모습은 본받을 만하다고 여겼습니다. 그러나 노골화된 성(性)문화, 너무나 규격화된 생활, 늘 쫓기고 있는 삶 등에는 거부감이 생겼습니다. 소련이 무너진 후 미국이 역사상 초유의 초강대국으로서 힘을 지니고 있지만 전 세계에 주는 메시지는 공감을 얻기보다는 곳곳에서 배척당하는 처량한 신세가 되고 있습니다. 그것은 퇴폐와 향락주의, 야만주의를 부추기는 대중문화가 전 세계에 섹스와 폭력을 퍼트리는 존재로서 세계가 본받기 싫어하는 대상이 되고 있는 것은 가치관이 결핍되었기 때문입니다. 과도한 풍요를 누리는 것은 자신을 파괴할 뿐 아니라 가난한 이웃에게는 불균형에 대한 불만을 격화시킬 뿐입니다. 따라서 우리 문화는 이제 방황을 끝내고 빨리 개선하고 정립하여 전 세계가 본받을 수 있으면서도 삶의 질을 높여 정신적으로나 물질적으로나 누릴 수 있는 본을 만들어야 합니다. 그러기 위해서는 퇴폐와 향락, 야만을 부추기는 문화를 정리 정돈해야 하고, 사회 구성의 바탕인 가정이 사랑과 신뢰를 바탕으로 재정립되어야 하며, 불평등 불공평 불균형을 시정하여 사회 내에 곳곳에 내재한 불만을 해소하고, 생산적 의욕을 무기력하게 만드는 각종 규제를 철폐하여 생산 활동과 교류 활동을 북돋아주어야 합니다. 그리고 '슬기의 날'을 활성화시켜 내재된 각자의 슬기를 개발하고, 종교적 편견으로부터 해방하여 영적으로 자유롭게 하며, 장기적 목표를 위해 집요한 추구를 하고, 신뢰와 협력을 지속하여 어김이 없어야 하며, 동시에 문화를 재조명하고 정립하여 스스로의 자긍심에 새로운 활력을 주어야 합니다. 나는 이러한 여러 가지 중에 특히 강조하고 싶은 것은 우리의 슬기를 움트게 하는 '슬기의 날'을 널리 활성화시킴으로써 모든 사물에 대한 새로운 세계를 열게 하는 것입니다. 또한 어느 땐가부터 잘못 인식되어져온 권위를 가정에서부터 바로 세우며, 사회 구석구석에서 찌들어 있는 잘못된 권위를 재정돈해야 한다고 생각합니다. 우리가 미래 세계의 주역이 되려면 기개(氣槪)가 있어야 하고, 기력(氣力)이 뒷받침되어야 하며, 기회(機會)가 맞아떨어져야 합니다. 그리고 그들은 조건을 갖추고 필요한 것들을 조달해야 하며, 지혜롭게 조종해야 권위와 권세와 권능을 지닌 주도자(主導者)가 될 수 있는 것입니다.

이런 이야기가 있습니다. 어떤 왕이 나이가 들어 왕위를 물려줄 생각으로 자신의 세 왕자를 시험했습니다. 먼저 세 왕자에게 대나무를 쪼개어 주었다가 오랜 세월이 흐른 후에 어디에 두었느냐고 물었습니다. 그러자 첫째아들은 잃어버렸다고 하고, 둘째아들은 어쩌다 쪼개져서 버렸다고 했는데, 셋째아들은 즉시 품안에서 꺼내어 보여 주었습니다. 왕은 다시 왕자들에게 이야기 했습니다. "내가 뒷산에 보물을 숨겨 두었는데 너무 오래되어 기억이 안 나니 찾아오너라."라고 했습니다. 며칠 후 첫째 아들은 땅을 다 뒤져도 없었다고 말하고, 둘째 아들은 금광을 발견했으므로 지금 가져올 수 없다고 말하고, 셋째 아들은 보물은 이웃나라인데, 그 나라를 차지하면 이웃나라 모두가 우리의 것이 되어 발전할 수 있다고 했습니다. 왕은 셋째 아들에게 왕위를 물려주었습니다. 셋째 왕자에게 왕위를 물려준 것은 그에게 정성과 지혜가 있었기 때문입니다. 아버지로부터 받은 것은 하찮은 것이라 할지라도 소중하게 지녀온 자, 아버지의 이루지 못한 뜻을 이어받아 이루어 내려는 자, 그가 왕위를 물려받은 것입니다. 왕이 된 그는 세상을 잘 조종하여 제도해야 할 것입니다. 그는 확신에 차 있어야 하고, 자기 확신을 국민들에게 심어줄 수 있어야 하며, 아래로는 하늘의 힘을 백성에게 동원해 주고, 위로는 백성이 하늘의 뜻에 따르게끔 이끌 수 있어야 할 것입니다. 이것을 하나의 표로 나타내면 ⚛ 이와 같이 되는 것입니다.

한울수도자 여러분, 이 세상 모든 것을 '탈것'으로 삼기 바랍니다. 그리고 좌우를 비판의 대상이나 투쟁의 대상으로 삼지 말고, 교류와 사랑의 대상으로 삼아서 서로의 상승효과를 가져와 영적 대도약을 이루기 바랍니다. 우리 마음은 너그럽기 시작하면 삼라만상을 다 받아들일 만하고, 옹졸해지면 바늘 하나 꽂을 틈이 없다고 합니다. 우리 인류는 극도의 미시세계(微視世界)를 보려고 현미경, 전자현미경을 만들고, 동시에 먼 우주로의 거시세계(巨視世界)를 보려고 망원경, 전파망원경에 이르기까지 우리의 시각을 확대하려고 노력하고 있습니다. 그러니 모쪼록 옹졸한 시각을 버리고 눈을 크게 떠서 모두 대각(大覺)을 이루기 바랍니다.

# 6

이제
스스로
깨달아야 한다

나아가 우주만물과 이어나가야 합니다. 우주만물이 하나로 이어져 있다는 것. 그것을 발견했을 때 비로소 여러분 속에 내재해 있는 궁극의 자아를 꽃피우고 열매를 맺을 수 있습니다.
..........
일 시 : 1995년 6월
장 소 : 대구수련원

    여러분 반갑습니다. 오늘 여러분이 이 공부를 시도한다는 것은 새로운 길을 얻어서 출발하는 것이라 할 수 있습니다. 여러분이 눈여겨 보셨는지 모르겠습니다만 제가 여러분과 인사를 할 때 몇 가지 동작을 했는데, 그것을 저와 같이 해보면서 의미를 살펴보기로 하겠습니다.
    자, 우선 이렇게 두 손을 가슴 앞에 모아 합장을 합니다. 합장할 때에 고개를 빳빳하게 쳐들지 말고 약간 숙이는 것이 좋습니다. 그 다음에는 합장한 손을 밑으로 내립니다. 다음에는 뒤집어서 손등을 마주 붙입니다. 다음에는 양손을 허리 뒤로 돌려서 합장을 합니다. 다음에는 그대로 양 손등을 마주 붙입니다. 완전하게 안 붙어도 괜찮습니다. 다음에는 양손을 다시 앞으로 가져와서 두 손으로 실패를 감듯이 돌려줍니다. 다음에는 ♡와 같은 하트 모양을 거꾸로 세운 모양으로 둥글게 팔을 올려서 합장한 후 가슴 앞으로 내립니다. 이것이 우리공부의 예법(禮法)입니다.

 자, 이제 방금 한 동작들의 의미를 하나씩 설명해 드리겠습니다. 우리의 삶은 모두 만남을 통해서 이루어집니다. 사람과 사람의 시작도 만남을 통해 시작됩니다. 자기에게 어떤 동기가 일어나는 것도 일종의 만남입니다.

(양팔을 벌렸다가 합장하며)

자, 이렇게 합장을 해보세요. 처음 만나는 과정은 이와 같습니다. 이렇게 하는데, 합장한 손이 서로 어긋나게 되는 사람 있습니까? 없지요?

(합장한 손을 서로 꼭 맞게 해 보이며)

합장하면 양손의 높이가 이렇게 똑같이 됩니다. 이것은 우리가 만날 때 서로 동등한 위치에서 만난다는 것을 의미합니다. 처음부터 누구는 높고 누구는 낮게 만나는 것이 아니라 똑같은 위상에서 만나야 한다는 것입니다. 저도 오늘 여러분과 동등하게 만났습니다. 그런데 이 만남이 각각 어디서 왔습니까? 하나는 왼쪽에서 왔고 하나는 오른쪽에서 왔습니다. 각각 다른 곳에서 온 것입니다. 그래서 이 세상에는 자기와 다르다고 해서 무조건 배척하거나 무시하거나 억눌러서는 안 됩니다. 자기와 다른 상대가 평등하게 만날 수 있어야 진정한 수용력을 갖춘 것입니다. 그래서 지금까지 좌와 우로 나누어져 있던 것이, 서로 다른 것이 한자리에서 동등한 위치에서 만나는 것입니다. 우리는 이 세상에 모든 대상과의 만남을 이와 같은 자세로 해야 합니다. 처음 만날 때 상대를 무시해도 안 되고, 무작정 높이 받들어도 안 됩니다. 아주 동등한 위치에서 서로 다르더라도 서로 다른 것을 이해하고 인정하면서 만나야 합니다. 그것이 진정한 수용입니다.

자, 이렇게 만나고 있을 때, 손끝이 어디를 향하고 있지요? 위를 향하고 있습니다. 우리는 만나서 서로 향상이 되어야 합니다. 향상이 되어야지 만나서 같이 추락하면 안 됩니다. 어른들이 집에서 아이들을 기르면서 가장 걱정하는 것이, '혹 밖에 나가서 나쁜 친구들을 사귀지 않을까?' 하는 걱정입니다. 나쁜 친구들을 사귀면 향상하는 것이 아니라 추락하게 됩니다. 그렇게 될까 걱정하는 것입니다. 그래서 우리는 만날 때, 서로 다른 입장에서 만나더라도 동등하게 만나면서 동시에 서로 향상되어지기를 바라는 것입니다.

(합장한 손끝을 아래로 향한 채)

우리가 위를 향해 공부를 해서 큰 깨달음을 얻었는데, 아래를 내려다보는 마음이 없으면 중생구제(衆生救濟)를 할 수 없습니다. 이것을 불교에서는 '상구보리 하화중생(上求菩提 下化衆生)'이라고 했습니다. '위로는 깨달음을 구하고, 아래로는 중생을 교화한다.'라고 했습니다. 그래서 위로는 향상을 꾀하고 밑으로는 보살피는 것입니다. 아래를 내려다본다는 것은 아래를 보살피는 것입니다. 우리 인간에게는 큰 능력이 있습니다. 다른 생물들은 자기 외에 다른 생물을 보살피는 능력이 없습니다. 우리 인간만이 자기 외에 다른 생명을 보살필 줄 아는 능력이 있습니다. 그렇기 때문에 가축들을 기르고 돌보는 것입니다. 이 대자연에는 수많은 생물들이 있는데 인간이 다 보살펴 줘야 합니다. 우리 인간에게는 보살펴 주는 능력이 있음과 동시에 창조하는 능력이 있습니다. 이것이 우리가 신(神)과 닮은 것입니다. 신이 자기의 모습대로 만들었다는 것은 얼굴 모양, 몸 모양을 신과 같이 만든 것이 아니라 그러한 마음 씀씀이, 그러한 성품을 똑같이 만들었다는 것입니다. 신을 닮은 우리 인간은 만물을 보살피며 사랑하고 창조하는 능력을 가진 것입니다. 그래서 우리는 위를 향하되 항상 아래를 보살피는 마음가짐을 가져야 하는 것입니다.

(합장한 손등을 뒤집어서 마주붙이며)

자, 이렇게 해서 위아래가 통했습니다. 그런데 지금까지는 손바닥의 안과 안이 붙어 있는 상태입니다. 우리는 자기 안쪽만 알고 밖은 몰라도 안 되고, 또 바깥쪽만 알고 안을 몰라도 안 됩니다. 안다는 것은 안팎을 다 아는 것입니다. 안만 안다거나 밖만 안다는 것은 제대로 아는 것이 아닙니다. 그래서 이제 밖과 밖이 만나게 합니다. 지금까지 안과 안이 만나게 했다면 이제 밖과 밖이 서로 만나게 합니다. 처음에는 좌우가 만났고, 그 다음에는 상하를 살펴보고, 그 다음에 이제 안팎이 만난 것입니다. 그런데 이것이 전부 앞쪽에서 이루어졌습니다.

(양손을 허리 뒤로 돌려 합장한 후)

자, 이제 자기의 뒤를 돌아봐야 합니다. 뒤를 돌아보는 것은 지나온 과거를 돌아보는 것입니다. 그것이 역사입니다. 우리 인류가 지나온 과거를 돌아보는 눈이 없었다면 우리 인류가 지금과 같은 문명이나 문화를 발전시켜 오지 못했을 것입니다. 과거는 미래의 거울이기 때문입니다. 그래서 과거에 내가 어떻게 살아왔는가를 뒤돌아보는 것입니다. 지구상에 존재하는 모든 생명체 중에서 역사를 기록하고, 역사를 남기는 생물은 인간밖에 없습니다. 새들이 역사를 남기는 일이 없습니다. 소나 원숭이도 마찬가지입니다. 그래서 뒤로 돌아가서 과거를 돌이켜보는 것입니다.

(허리 뒤에서 합장한 손등을 뒤집어서 마주 붙이며)

자, 이제 그것을 다시 뒤집어 보는 것입니다. 뒤집는 것은 과거의 역사가 지금까지 이렇게, 이렇게 기록되어 왔다 할지라도 그것을 다시 재평가하는 것입니다. 우리는 과거를 재평가하는 능력이 있음으로써 과거를 재조명해서 발견되지 않은 것을 발견하고, 잘못 알려진 것을 바르게 정정할 수 있습니다.

이렇게 해서 과거를 돌아봤습니다.

(뒤에서 했던 합장을 다시 앞으로 가져오며)

그 다음에는 과거에서 현재로 다시 돌아오는 것입니다. 우리의 뒤는 과거, 앞은 미래라고 할 수 있습니다. 현재로 돌아와서 이제 미래로 나아갑니다. 미래로 나아가려면 추진력이 있어야 합니다.

(두 팔로 실패를 감는 동작을 하며)

이렇게 돌려야 굴러갈 수 있습니다. 이 동작은 영적 힘인 ○력을 공급하는 것입니다. 시계의 태엽을 감아 놓으면 풀리면서 돌아갑니다. 그와 마찬가지로 세상 모든 것은 돌아가는 힘이 있어서 운행됩니다.

이렇게 해서 도는 힘을 공급해 주는 것입니다. 앞으로, 미래로 나아가기 위한 힘을 비축하는 것입니다. 그렇게 힘을 비축했으면 이제 미래로 나아가는데, 어떤 마음으로 나아가야 할까요?

(양팔로 ♡모양을 뒤집어 놓은 모양의 동작을 하며)

바로 이렇게 나아가야 합니다. 이게 무슨 모양입니까? 하트(heart) 모양입니다. 우리는 사랑의 표시를 이렇게 합니다. 그런데 여기서는 반대로 이렇게 합니다.

(양팔로 ♡모양을 뒤집어 놓은 모양의 동작을 하며)

이것은 무엇일까요? 사랑은 위에서 아래로 내려오는 것입니다. 흔히 사람들이 이렇게 얘기합니다. 부모가 자식을 사랑한다고 하니까, 자식이 "아빠 엄마, 우리도 아빠 엄마를 사랑해요" 이렇게 얘기하는데, 그건 잘못된 표현입니다. 사랑은 위에서 아래로 주는 것입니다. 아래에서 위로 주는 것은 존경입니다. "아빠, 사랑해요."가 아니라, "아빠, 존경해요."라고 해야 하고, 아빠는 아래를 보고 "나는 너를 사랑한다." 이렇게 해야 하는 것입니다. 그래서 하트 모양이 거꾸로 된 모양인 것입니다. 이런 도리를 아는 것이 공부를 시도하는, 도(道)를 시작하는 첫 걸음입니다. 우리가 도(道)를 시작한다는 것을 '시도(始道)한다'라고 하는데, 오늘 처음 오신 분만 시도하는 것이 아니라, 이미 수도를 하고 있는 분들도 오늘 공부를 시작한다는 그 시작이고, 그 시도입니다. 여러분 모두 그렇게 시작하시기 바랍니다.

자, 여기에서 지금까지 한 동작들을 하나하나 다시 한 번 살펴보겠습니다. 처음에 좌우가 동등하게 만났는데, 그것은 위를 향하면서 동시에 아래를 보살피는 의미를 가집니다. 다음에는 안팎을 뒤집어서 전체를 관찰합니다, 다음에는 뒤로 돌아가서 과거를 재조명해 봅니다. 그러고 나서 다시 앞으로, 현실로 돌아옵니다, 거기에서 추진력을 만들어서 사랑하는 마음으로 나아갑니다. 이렇게 보니까 여기에는 좌우, 상하, 앞뒤, 안팎이 다 있습니다. 이 모든 것의 중심은 누구입니까? 바로 자기 자신입니다. 모든 것이 자기를 중심으로 움직이고 있는 것입니다. 모든 것이 저 멀리서, 밖에서 시작하는 것이 아니라 자기 자신으로부터 시작됩니다. 마음의 눈을 뜨고 깨달음을 시도하는 그것부터가 시작입니다. 그래서 이 우주의 중심이 자기 자신에게 있는 것입니다. 이 우주는 하나로 단일하게 있는 것이 아니라 모든 자는 각자마다 자기의 우주를 가지고 있습니다. 그래서 우주는 수많은, 무한한 우주가 있습니다. 각자마다 자신의 우주가 있습니다. 그렇기 때문에 자신이 우주의 중심이 될 수 있고, 우주의 주재자가 될 수 있는 것입니다. 이렇게 해서 자기가 이 우주의 중심이라는 것을 자각하는 것입니다. 이것은 절대로 이기적이 되라는 것이 아닙니다. 이 말을 잘못 알아들으면 안 됩니다.

부처님이 태어나서 동서남북으로 각각 일곱 걸음을 걷고 난 다음에, 중앙에 서서 하늘과 땅을 가리키며, '천상천하유아독존(天上天下唯我獨尊)'이라 했다고 합니다. 그것이 무엇을 의미할까요? 정말 금방 태어나서 탯줄을 끊자마자 왔다갔다 그렇게 했을까요? 그게 아닙니다. 그것은 영적으로 깨달음의 세계에 새롭게 태어난 것을 의미하는 것입니다. 이는 '자기 존재의 중심이 어디에 있는가.' 하는 것을 얘기하는 것입니다. 하늘과 땅을 가리키면서 '천상천하유아독존'이라고 했다는 것은 우주의 중심은 자기 자신이며, 스스로 존재하고 있다는 것을 의미하는 것입니다. 그 의미를 그렇게 전해준 것입니다. 그와 같이 이 동작을 할 때에 바로 그런 마음으로 해야 합니다. 여러분이 氣조정을 하든, 명상을 하든 공부를 시작하기 전에 이런 의미를 새기면서 시작하기 바랍니다. '자, 지금 나로부터 우주가 시작된다.' 이렇게 생각하고 공부를 시작하시기 바랍니다.

그런데 이 동작들을 해보면 뒤에서 하는 동작의 양보다 앞에서 하는 동작의 양이 훨씬 많습니다. 그것은 무엇을 의미하느냐 하면 과거 지향적이 되지 말고 미래 지향적이 되라는 것을 의미합니다. 흔히 미래에 대한 자신감이 없을 때는 과거의 얘기를 많이 합니다. 현재 못살고 어려운 환경에 있는 사람치고 윗대에서 한가락 안 한 사람이 없다고 얘기합니다. 자꾸 과거의 얘기를 하는 사람은 미래에 대한 자신감이 없다는 말입니다. 우리는 과거 지향적이 되어서는 안 됩니다. 과거를 거울로 삼아 미래로 나아가야 합니다. 그래서 전체 동작의 비중이 뒤쪽보다 앞쪽에서 하는 동작이 많은 것입니다. 이런 마음가짐, 이런 자세를 가지고 이 세상을 살아가면 여러분이 어떤 친구를 사귀든, 직장에서 관계든, 부부간에 문제든 아주 편하게 동등한 위치에서 서로 만나 서로 다른 의견을 주고받고 하면서 잘 해 나갈 수 있습니다.

처음 합장 자세에서 양손 끝이 위로 향하는 것은 올라가는, 상승하는 의미입니다. 옳게 하는 것이 오르는 것입니다. 그릇되게 하면서 올라갈 수는 없는 것입니다. 옳게 하는 것이 오르는 것이고, 오르는 것이 옳은 것입니다. 이런 의미를 우리 한글에서는 이미 완벽하게 설명하고 있습니다. 우리는 항상 옳게 자기를 오르게 해야 합니다. 그런데 자기만 올라가면 안 됩니다. 아래를 보살필 줄 알아야 합니다. 그리고 안팎을 뒤집어 보고, 과거를 비추어 보고 나아가야 합니다. 이것만 명심하고 살아가도 많은 공부가 됩니다. 우리가 공부를 너무 어렵게 시작하면 나중에 혼돈에 빠지게 됩니다. 그러니까 차근차근, 하나하나 생활에서 실질적으로 공부되어 갈 수 있는 그 방도를 취해야 합니다. 그리고 흔히 공부를 한다 하면 공부하는 시간을 따로 가지려고 하는데, 사실은 공부하는 시간이 별도로 필요하지 않습니다. 만약에 공부하는 시간을 별도로 가져야 공부를 할 수 있다면 공부하는 시간이 점점 줄어지면 나중에는 공부를 못하게 됩니다. 그래서 공부하는 마음을 어떻게 가져야 하느냐하면 '나의 모든 생활을 공부화 하겠다'라고 해야 합니다. '부부간에 대화하는 것을 공부화 하자', '식탁에서 가족과 함께 밥 먹는 것을 공부화 하자', '텔레비전 보는 것을 공부화 하자' 그렇게 넓혀가야 합니다. 그렇게 하면 모든 것이 공부가 됩니다. 그렇지 않고 공부하는 시간이 자꾸 줄어지면, 나중에 공부하는 시간이 다 없어지면 공부를 못하게 됩니다. 그래서 공부를 생활화해야 합니다. 그렇게 되면 나중에 친구하고 만나 포장마차에서 술을 한잔해도 그것이 공부가 됩니다. 그러면 거기서 허튼 소리하고 이상한 짓을 안 하게 됩니다. 오히려 거기서 진지하고 가치 있고 보람 있는 시간을 보낼 수 있게 됩니다. 그렇게 하나하나 다져나가야 어떤 큰 법(法)을 만나도 수용이 됩니다. 그런데 자기의 바탕을 다져놓지 않은 상태에서는 큰 비가 오면 홍수가 나서 다 쓸어가 버리듯이 큰 법을 만나면 오히려 갈등이 생깁니다. 큰 혼란이 생깁니다. 그래서 스스로를 아주 단단하게 다지는 그 노력부터 차근차근 해 나가야 합니다. 깨달음이 어느 한 순간에 "아!" 하고 깨닫게 되는 것이 아닙니다. 그것이 자기한테서 체계화되려면 많은 시간이 걸립니다. 깨달음은 그렇게, 그렇게 나아가는 것입니다. 왜 우리가 우리의 본질인 ○을 닦아나가고, ○을 높이지 않으면 안 될까요? 우리가 이 세상으로 올 때에 여러 형태로 납니다. 여러 곳을 통해서 태어납니다. 그러나 우리가 가는 곳은 단 하나의 구멍밖에 없습니다. 그게 죽음이라는 구멍입니다. 그 구멍을 통과하려면 지금까지 자기가 가지고 있는 모든 걸 버려야만 합니다. 다 버리고 남는 것은 자기의 영혼밖에 없습니다. 결국 영혼밖에 안 남습니다. 우리는 누구나, 여기 있는 사람도, 길을 가는 사람도, 집에 있는 사람도 누구라도 죽음으로 가야 합니다. 빨리 가든 조금 늦게 가든 다 가야 합니다. 그렇다면 최종적으로 남을 그것을 가꾸고, 거기에 투자하는 것이 가장 바람직한 것입니다. 언젠가는 버려야 할 것에 치장하고 투자하는 것은 어리석은 것입니다. 그것은 죽기 살기로 해놓아도 금방 버릴 수밖에 없습니다.

   흔히 연세 많으신 분께 "요즘 기력이 어떠십니까?"라고 물으면, "아이고 이 사람아, 요새는 기력이 없네. 기력이 없고 아픈 데도 많아.""그러면 이제 몸이 쇠잔하고 늙었다는 느낌이 드십니까?""들지, 이제 내가 나이가 많이 들었는가 봐.""그럼 지금 마음은 어떻습니까?""마음이야 열여덟 마음이지."이럽니다. 그러니까 몸은 늙어가도 마음은 안 늙는다는 것입니다. 말하자면 몸은 금방 망가지는데 몸 안에 있는 마음은 그대로인 것입니다. 그렇다면 우리가 어디에 투자해 놓는 것이 좋을까요? 금방 망가지는 몸에 투자하는 것이 좋을까요? 아니면 아주 오래가는 영혼에 투자하는 것이 좋을까요? 답은 자명합니다. 그래서 우리가 이 세상에 공부하기 위해 왔다고 하는 것입니다. 우리는 영적으로 깨달아가기 위해서 세상 모든 것을 쓰는 것입니다. 육신은 물론이며 이 세상 모든 걸 써서 내 영혼을 깨워내는 것입니다. 그러기 위해서 우리가 이 세상에 온 것입니다. 그것을 '이 세상에 공부하러 왔다'라고 하는 것입니다. 지금 이 순간에 공부를 시도하기 위해 이 자리에 와있는 분들도 있지만 세상에는 지금 집에서 텔레비전 보는 사람, 술 먹는 사람, 잡담하는 사람 등등 별별 사람들이 다 있습니다.

또 우리는 살아가면서 여러 가지 행위를 하는데, 그 중에 어떤 행위가 가장 가치 있을까요? 은행 창구에서 근무하는 은행원들은 하루에도 수없이 많은 돈을 만집니다. 매일 구린 냄새가 날 정도로 돈을 만집니다. 그러나 그 많은 돈이 자기 것이 아닙니다. 월급 받을 때 봉투 안에 들어 있는 그것이 순수한 자기 것입니다. 그것도 원천징수 떼고, 뭐 떼고 다 떼고 나서 줍니다. 과연 지금 이 순간에 진실로 자기 자신을 위해서 시간을 쓰고 있는 사람이 과연 얼마나 될까요? 수많은 사람들이 자기 자신에게 투자하고 있지 못하고 무언가 다른 걸 위해서 투자하고 있습니다. 그런데 여러분은 지금 자기 자신에게 투자하고 있는 것입니다. 그래서 지금 여기에 와 있는 것이 다른 어디에 있는 것보다 가치 있고, 여러분 자신에게 이익이 되고 보람된 것입니다.

  옛날에는 어느 한 개인이 크게 깨달아 우리 중생을 구해 주기를 기대했었습니다. 그러나 나는 그렇게 생각하지 않습니다. 누군가 크게 깨달아서 우리를 건져 줄 것이라 믿는 것은 허망한 생각입니다. 지금은 자기 스스로 깨어나 자기 자신을 스스로 구해내야 하는 때에 살고 있습니다. 이제 어떤 한사람이 크게 깨달아서 우리를 구해 주리라는 생각은 버려야 합니다. 예수님이 구세주가 되어 다시 나타나서 구해 주리라는, 미륵불이 나와서 우리를 구해줄 것이라는 생각은 버려야 합니다. 이제는 자기 스스로 깨달아야 합니다. 그렇게 우리의 인식을 전환해야 합니다. 지금은 세계가 여럿으로 쪼개져 있는데 각각의 민족들이, 또 국가들이 어떻게 하면 다음 세기에 주도권을 잡느냐에 대단한 노력을 기울이고 있습니다. 오늘날 서양에서 동양으로 주도권이 넘어오고 있습니다. 우리는 어떻게 해야 미래 세계를 주도하는 주도민족이 될 수 있을까요? 훌륭한 지도자가 하나 나오면 될까요? 아닙니다. 우리나라가 부강한 나라가 되어야 합니다. 그리고 우리나라가 선진국이 되어야 합니다. 그러려면 어떤 조건이 필요할까요? 부강한 나라가 되려면 온 국민이 육체적으로 건강해야 하고, 정신적으로 건전해야 합니다. 그리고 선진국이 되려면 몇 사람의 지도자가 있다고 되는 것이 아니라 전 국민의 의식수준이 올라가야 합니다. 그래야 부강한 선진국이 될 수 있습니다. 그러니 여러분은 한 개인이 얼마만큼 깨달았다고 절대로 만족해선 안 됩니다. 우리 모두가 얼마만큼 성장했느냐에 마음을 모아야 합니다. 그래서 나는 한 개인이 얼마만큼 깨달았다 하는 데에 큰 의미를 두지 않습니다. 한 개인이 얼마만큼 깨달았느냐에 의미를 두지 않고, 공동체가 조화롭게 되고, 이 세상 전체가 조화롭게 되는 데에 더 큰 의미를 둡니다. 여러분도 모두 그렇게 해야 합니다. 나는 명상에 큰 비중을 두지 않습니다. 명상에 큰 비중을 두게 되면 자칫 자기 속으로 깊이 빠져 들어가서 못나올 수 있기 때문입니다. 나중에는 자기의 독특한 견해를 가지고 다른 사람하고 전혀 어울릴 수 없는 상태가 되고 말거나, 아주 이기적으로 변하게 됩니다. '이 세상 전체가 어찌된다 해도 내가 이해가 안 되고, 내가 모르고, 내가 깨닫지 못하면 아무 소용없다.'라는 식으로 생각합니다. 그런 사람은 항상 외톨박이가 됩니다. 공부가 절대로 그렇게 되어서는 안 됩니다. 먼저 우리 전체가 조화롭게 되어야 합니다. 그로부터 자기의 발전이 있는 것입니다.

우리가 앞으로 어떤 일을 하더라도 반드시 다음의 몇 가지 조건이 먼저 충족되어야 합니다.

**첫 번째,** 어떤 일을 하려 할 때 각 개인의 성장이 동시에 보장되어야 합니다. 어떤 일을 하는데 계속 개인이 희생되게 하면 안 됩니다. 내가 이 일을 함으로써 내 자신이 성장할 수 있어야 합니다.

**두 번째,** 내가 전체를 위해서 뭔가 기여할 수 있어야 합니다. 단체면 단체, 사회면 사회, 인류면 인류 전체에 기여할 수 있어야 합니다.

**세 번째,** 내가 무언가 후손에게 남겨 줄 것이 있어야 합니다. 전해

줄 것이 있어야 합니다. 업적을 이루어서 전해 주든, 발명을 해서 전해 주든, 뭐를 전해 주든 전해 줄 것이 있어야 합니다. 남겨 줄 것이 있어야 합니다. 그래야 계속 이어갈 수 있습니다.

**네 번째,** 경제적인 활성화가 되어야 합니다. 경제는 자신을 돌리는 에너지와 같은 것이므로 절대로 소홀하게 생각하면 안 됩니다. 이 네 가지 조건 중에 하나라도 안 되면 안 됩니다. 여러분이 앞으로 어떤 일을 하든지 간에 개인의 성장과, 우리 전체의 성장, 그리고 여러분 각자가 다 잘 살 수 있고, 후세에 남겨 줄 뭔가가 있도록 모두 열심히, 보람 있게 해야 합니다. 우리가 그렇게 되어가고, 또 그런 생각들이 널리 퍼져나가야 우리 전체가 선진국이 되고 부강한 나라가 될 수 있습니다. 그런 나라가 되어야 앞으로 미래를, 세계를 주도하는 주도국이 될 수 있습니다. 그렇게 되도록 우리 모두가 노력해야 합니다.

자, 지금부터 오늘 처음 오신 분들과 기존에 공부하시던 분들이 氣대사를 하십시오. 가장 무지한 것이 무엇이냐 하면 바다에 섬들을 보고 섬이라고 생각하는 것입니다. 섬으로 보이는 것은 섬의 밑이 바닷물에 가려져 있기 때문에 그렇게 보이는 것입니다. 섬의 능선을 따라 내려가 보면 전부 이어져 있는 산입니다. 바닷물에 가려져 있어 섬으로 보일 뿐인 것입니다. 그것처럼 우리에게도 전체를 보는 그런 혜안이 떠지지 않으면 무지라는 물에 가려져 우리가 각각 독립되어 있는 것같이 착각하게 됩니다. 모두가 하나로 이어져 있다는 것을 모릅니다. 그래서 그러한 무지(無知)를 걷어 내고, 우리의 내면에서 서로 이어져 있음을 발견하기 위해서는 서로 氣대사를 해 보는 것이 가장 좋습니다. 氣대사를 해 보면 서로 통하고 있는 것을 알아차리게 됩니다. 어떤 때는 눈을 감고 하다가 살짝 눈을 떠보면 상대와 내가 똑같이 하고 있는 것을 볼 수 있습니다. 이렇게 의식 너머에서 통하고 있는 이것이 바로 氣입니다. 거기서 한 걸음 더 나아가 인류 전체가 하나로 이어져서 있다는 것을 알아야 합니다. 그래야 우리 인류의 미래를 희망차게 열어나갈 수 있습니다. "너는 너고, 나는 나고." 이렇게 살면 우리의 미래는 보장되기 어렵습니다. 사실 우리 인류의 미래는 그다지 밝지 못합니다. 뿐만 아니라 위기에 처해 있습니다. 그래서 우리 모두가 서로 이어져 있음을 자각하고, 진실로 서로 손잡을 수 있도록 노력을 많이 해나가야 합니다. 나아가 우주만물과 이어나가야 합니다. 우주만물이 하나로 이어져 있다는 것, 그것을 발견했을 때 비로소 여러분 속에 내재해 있는 궁극의 자아를 꽃피우고 열매를 맺을 수 있습니다. 여러분 모두 그렇게 온전하게 되기 바랍니다. 모든 것이 이어져 있음을 알게 되면 조종이 가능해 집니다. 서로 이어져 있는 것이 확인되면 내가 상대를 당길 수도 있고, 상대가 당기면 풀어줄 수도 있습니다. 이어져 있으니 가능한 것입니다. 그와 같이 우주만물이 모두 이어져 있는 그 맥을 찾아 조종할 수 있어야 여의화 될 수 있습니다. 이어져야 모든 것이 여의화(如意化) 되어 자유자재할 수 있습니다. 그렇게 되어졌을 때 비로소 완벽한 깨달음을 얻었다고 얘기할 수 있습니다. 나는 여러분이 모두 그렇게 되어 지기를 진심으로 바랍니다.

# 7

영적
차원을
바꾸어야 한다

모든 것을 다 이루고 나면 다만 'O'이 될 뿐입니다.
우리는 O에서 와서 다시 O으로 돌아가는 우주 순례를
하고 있는 것입니다.
..........
일 시 : 1994년 5월 10일.
장 소 : 대구수련원
배 경 : '한울슬기 지도자과정' 지도 중에 주신 말씀

    여기 도량에 들어오는 문 앞에 내가 '비래○계(飛來○界)'라고 쓴 글을 붙여두었습니다. 그것은 여기에 들어올 때 영적 차원을 바꾸어야 한다는 의미입니다. 여러분이 세상에서 다닐 때는 걸어 다니고 뛰어다니고 하지만 이 수도장에 들어오는 목표는 '비래○계'이어야 합니다. '여러분의 차원이 완전히 바뀌어서 날 수 있게 되라'라는 의미입니다. 삶과 수도의 궁극적인 목표는 차원이 바뀌는 것입니다. 세상 모든 것을 다 이루고 나면 다만 ○이 될 뿐입니다. 우리는 ○에서 와서 다시 ○으로 돌아가는 우주 순례를 하고 있는 것입니다.

    다음은 내게서 나온 '기술말씀'인데 지금부터 같이 공부하도록 하겠습니다.
    『진리와 진실의 세계는 감동과 믿음의 세계와는 전혀 별개의 것이

다. 그러나 때로는 일치하는 것 같기도 하다. 원래 진리나 진실의 장은 우리의 감정이나 태도와 전혀 무관심하지만, 믿음이나 감동의 장은 우리의 감정이나 태도에 대단히 민감하다.

인간은 외적인 모든 것은 개조하고 개선하고 개량하려고 노력해 왔다. 그리고 노력하고 있다. 그러나 자신을 개조하고 개선하고 개량하는 데에는 소홀히 해왔다. 우주 멀리에까지, 또는 아주 미세한 소립자에까지 많은 추구와 노력을 해서 많은 것을 알게 되었고 관리할 수 있게 되었다. 그러나 인간 자신에 대해서 잘 알게 된 것은 아니다.

유전의 법칙을 알아내고 유전자를 조작하기도 하지만 생명, 그 자체에 대해서는 잘 알고 있는 것이 아니다. 정신 영역에 있어서도 많은 것을 알아내고 치료도 하고 있지만 영혼, 그 자체에 대해서는 잘 알고 있는 것이 아니다.

이렇게 우리 인간은 여러 가지의 장(場)을 변환시켜 가면서 문화라는 바탕을 이룩하고서 이 지구상에서 스타가 되어서 살아가고 있는데, 이 문화의 장은 우리의 정성을 응축하는 신앙, 종교와 이성을 확대시키는 과학으로 대별될 수 있다. 이 두 가지가 커다란 장으로서 활동을 하면서 현대에까지 왔다. 그런데 그 두 가지는 아주 상반된 요소를 지니고 있다.

종교는 수정을 허용하지 않는다. 그러나 과학은 끊임없이 수정을 허용해야 한다. 만약에 과학이 수정을 허용하지 않는다면 그것이야말로 전혀 발전할 수 없는 과학이 되어 버린다. 그런데 문제가 있다. 종교가 수정을 허용하지 않고 과학은 수정을 허용하지만, 만약에 과학이 수정을 허용하지 않는다면 인류는 진보할 수 없고, 종교가 수정을 허용한다면 우리 인류는 방황하게 된다. 이 두 개의 장이 어느 부분에선가 겹치고 있어야 한다.

송광사 부속암자인 오도암에서 달맞이꽃이 피는 장면을 감동스럽게 본 적이 있다. 꽃봉오리가 막 터지려는 것도 있고, 아직 설익은 꽃봉오리들도 섞여 있었다. 곧 활짝 필 것 같은 꽃봉오리가 다른 봉오리가 따라올 때까지 기다리고 있는 것이 아닌가! 그러다가 거의 다가 꽃필 출발선에 같이 선 것이 확인이 되었는지 막 다투어 뽁뽁 소리를 내며 피는 것이 아닌가! 그 감동은 잊을 수가 없다. 그 공정하고 당당한 경주는 우리 인간에게 많은 교훈을 준다. 우리 인체 역시 굶주리고 있는 동안은 성장속도를 떨어뜨리고 기다린다. 그러므로 굶주림이 너무 심한 상태가 아닌 한, 성장에 관한 손실은 메워 질 수 있다.

이렇게 전체가 어떤 상태에 이르기까지 기다려 준다든지, 한 때에 생긴 손실을 보상해 낸다든지 하는 것은 무엇에 의한 것일까? 아마 개체 개체가 서로를 확인해서 그렇게 되는 것은 아닐 것이다. 말하자면 '장(場)의 성쇠(盛衰)'에 의한 것이라고 생각한다. 장이 성숙하기까지, 즉 꽃필 장이 성숙하기까지 그 꽃봉오리는 제어 되어 있고, 여린 꽃봉오리는 재촉을 받고 있는 것이다. 꽃필 장으로 옮아가는 순간이 아마 그의 출발점이 되었을 것이다.」

자, 그럼 한 구절씩 같이 보면서 설명하겠습니다.

진리와 진실의 세계는 감동과 믿음의 세계와는 전혀 별개의 것이다. 그러나 때로는 일치하는 것 같기도 하다. 원래 진리나 진실의 장은 우리의 감정이나 태도와 전혀 무관심하지만, 믿음이나 감동의 장은 우리의 감정이나 태도에 대단히 민감하다.

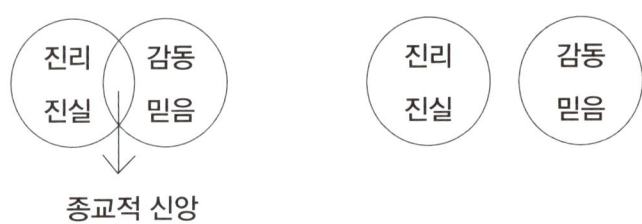

내가 아무리 감동하고 믿는다 해도 진리가 아닌 세계가 진리가 되고, 진실이 아닌 세계가 진실이 되는 것이 아닙니다. 그렇기 때문에 진리와 진실의 세계는, 감동과 믿음의 세계와는 다른 것입니다. 이렇게 진리와 진실의 세계가 감동과 믿음의 세계와 별개임에도 불구하고 때로는 일치하는 것 같기도 한 것은, 진리와 진실의 장(場)이 있고 믿음과 감동의 장이 있는데, 그 둘 사이에 신앙이라는 것이 있어서 겹쳐주는 역할을 하기 때문입니다. 만약에 이와 같이 겹쳐져서 공유되는 부분이 없다면 우리 내면은 대단히 삭막할 것입니다. 진리와 진실을 분명하게 따지고, 인(仁)과 의(義)가 분명하게 나누어질 것입니다. 그런데 우리에게 인(仁)이라는, 어질어서 용서하고 받아들이는 부분이 있는가 하면, 칼로 자르듯이 분명하게 탁 끊어내는 의로움이 있습니다. 그런데 그것은 완전히 동떨어진 것이 아니라 앞의 그림과 같이 겹쳐져 있습니다.

　인(仁)과 의(義)가 떨어져 있으면 우리는 삭막한 세계에 존재하게 됩니다. 이 둘이 겹쳐져서 공통으로 수용해 주는 자리가 있기 때문에 우리들 마음속에서는 풍요를 누릴 수가 있는 것입니다. 우리 인간의 내면에 이런 보물을 지니고 있습니다. 분명하게 묻고 따지고 자르는 것만 있는 것이 아니라 한껏 수용해 주는 것도 있습니다. 그런데 무조건 그대로 수용해 주는 것도 아닙니다. 거기에는 자를 수 있는 힘도 가지고 있으면서도 그것을 공유합니다. 이런 공간, 이런 장(場)이 있다는 것은 우리에게 행운의 요소입니다.

　자, 이제 그러한 장(場)에 대한 이야기를 해봅시다. 장에는 조상영의 장, 성(性) 에너지의 장 등 여러 형태의 장이 있습니다. 인류는 그런 장을 겹쳐서 이쪽 장에서 저쪽 장으로 자유롭게 이동할 수 있는 능력을 갖추고 있었습니다. 희한하게도 우리 인류는 동물이 가지고 있는 본능과 성질, 생리와 생태를 그대로 다 가지고 있으면서도 그 동물의 장을 한 차원 다른 장으로 옮겨왔습니다. 즉, 문화의 장이라는 또 다른 장을 만들어서, 앞에 설명한 바와 같이 공유되게 겹쳐서 이동해 왔습니다. 아직까지도 인간을 제외한 다른 모든 동물들은 그들의 삶 전체가 성의 지배를 받는 삶을 살아가고 있습니다. 근래 배추흰나비의 일생에 관한 동영상을 보았습니다. 알에서 나와 애벌레가 되어서 배춧잎을 갉아 먹고 애벌레로 자라서 번데기가 되고, 거기에서 나오자마자 꽃에서 꿀을 빨아 먹으면서 이성을 만나서 알을 낳고 죽습니다. 그게 생의 전부입니다. 그것을 보고 있던 어느 순간, '왜 끊임없는 저 순환이 필요할까?'라는 생각이 들었습니다. '끊임없이 알을 낳고 먹고 죽고, 알을 낳고 먹고 죽고, 먹고 죽고 하는 저것이 왜 필요한가?' 그들의 '한살이'라는 것은 완전하게 성을 완성하는 한살이입니다. 그것 외에 아무 것도 아닙니다. 매미도 그렇고 거의 대부분이 그렇습니다. 연어가 바다로 나가서 한평생을 다니다가 알을 낳으러 자기가 살던 곳으로 돌아옵니다. 일단 연어가 알을 낳으러 올라올 때에는 색깔도 변하고 자기 입의 모양이 바뀝니다. 입 모양이 아래턱이 나와서 아무 것도 먹지 못하게 됩니다. 그래서 알을 낳고나서는 굶어죽습니다. 알을 낳고 나면 죽게 됩니다. 결국 성을 통해서 알을 낳고 나면 끝나는 것입니다. 연어들이 태평양을 한 바퀴 돌고 온 뒤에 알을 낳고 나서, '자, 우리가 이번에 경험한 거니까 너희가 이어받아라.'라고 새끼들한테 전해 주는 것이 없습니다. 그런데 인간은 자기들이 한 것을 끊임없이 후세에게 남기고 전해줍니다. "내가 이러이러한 것을 이루려고 했는데 못 다 이루었으니 너희가 이루어 달라."라고 하면서 손을 꼭 잡으며 당부하고 죽으면 자식은 그것을 마음에 새기고 반드시 그것을 이루어 드리려고 하게 됩니다. 또 반대로 원수를 꼭 갚아 달라며 덜덜 떨면서 죽으면 자식은 죽자 살자 원수를 갚으려고 합니다. 그렇게 맥을 고리처럼 이어나갑니다. 그런데 다른 동물은 그 고리를 이어가지 못합니다. 우리는 정보를 축적하고 시간을 건너뛰어서 전해 주고, 그래서 정보량을 확대시키면서 그 많은 정보를 서로 교류하는 사이에 문화의 장(場)을 만들어 냅니다. 그렇게 문화의 장을 만들어서 생물적인 성(城)

의 장에서 문화의 장으로 옮겨 왔습니다. 지금까지의 성의 장을 야구장이라고 하고 문화의 장을 축구장이라고 가정한다면, 야구장에서 야구를 하는 규칙 속에서는 인간이 별로 우수할 것이 없었습니다. 순수하게 성의 장 속에서 살아가는 다른 생물들과 경쟁하면 우리 인간이 별로 우수하지 못합니다. 힘도 그렇고 달리기도 그렇고 높이뛰기, 멀리뛰기 등 어떤 것을 해 봐도 결코 뛰어나지 못합니다. 사람들이 정력에 좋은 것이라면 값이 얼마가 되더라도 불티나게 사갑니다. 뱀은 한 번 교미를 할 때 두 달, 석 달씩 한다고 하는데, 거기에 비하면 인간의 성에너지는 형편없이 약합니다. 그런 면으로 보면 인간은 엑스트라이지 절대로 스타가 못 됩니다. 말과 달리기를 하든지, 코끼리하고 힘자랑한다면 전혀 상대가 안 됩니다. 그런데 인간이 얼마나 지혜로운지 야구장을 축구장으로 살짝 바꾸어 놓은 것입니다. 그러니까 야구장에서 뛰어난 실력을 발휘하던 다른 생물들이 축구장에서는 맥을 못 춥니다. 그들은 도저히 인간의 상대가 안 되는 것입니다. 야구의 규칙이 축구의 규칙에는 하나도 안 맞습니다. 다른 생물들은 우리가 이루어 놓은 문화의 장의 규칙에는 전혀 적응을 못합니다. 그래서 우리는 지구상에서 스타가 될 수 있었고, 만물의 영장이 될 수 있었던 것입니다. 그와 같이 자기가 갖고 있는 장을 자유롭게 변환시킬 수 있는 자는 스타가 될 수 있습니다. 갇힌 장 내에서 변환시킬 수 없는 자는 항상 엑스트라밖에 안 됩니다. 주종관계로 보면, 주는 스타이고 종은 엑스트라입니다. 주도자가 되거나, 지도자가 되려면 장의 문제를 자유자재할 수 있어야 합니다. 여러분이 모든 장(場) 중에서 가장 근본적인 장이라고 할 수 있는 '氣의 장'을 다스릴 수 있어야 비로소 주도할 수 있고 지도할 수 있고 스타가 될 수 있습니다.

    우리 인류는 장을 변환시키는 능력을 가짐으로써 지구상에서 스타가 되었습니다. 그런데 전체적인 생물의 유기적인 삶의 견지에서 보니까 인간이 지구상에 슈퍼스타가 됨으로써 심각한 문제가 생겼습니다. 인간이 이상번식(異常繁殖)을 하게 된 것입니다. 인간이 지구상에 차고 넘치게 되었고, 게다가 인간의 능력을 제어할 장치가 없어져 버렸습니다. 지구상에서 인간이 암적인 존재가 되어 버렸습니다. 이렇게 인간이 이상 번식을 함으로써 우주적인 조화와 균형의 견지에서 볼 때, 오히려 파괴자 내지는 암적 존재가 되어버린 것입니다. 내가 어제 챌린저호 폭발에 대한 얘기를 했는데, 챌린저란 '우주로의 도전'을 의미합니다. 왜 하필이면 그 챌린저호에서 폭발이 일어났을까요? 나는 그것이 인간이 우주로 도전해 가는 데에 브레이크를 건 것으로 보입니다. "지금 너희가 이 상태로 우주로 나와서는 안 돼. 너희가 나오는 것은 환영하지만 너희 스스로를 통제하고 조절할 수 있는 힘을 갖춘 뒤에 나와! 지금 이대로 나오면 전체가 위험해져. 지금은 너희를 통제해 줄 힘이 없어. 지구상에서는 너희가 스타지만 밖으로 나올 때는 그렇게 나오면 안 돼." 이런 것입니다. 챌린저호가 폭발하기 바로 전날, 내가 깊은 명상 속에서 동굴 속에 들어가 불을 끄던 장면과, 불덩어리가 폭발하는 그 장면이 챌린저호 사건과 일치되면서 나한테 그런 의미로 다가왔습니다. '아! 지금 우리에게 우리 자신을 자제하고 통제하는 힘이 절대적으로 필요하다. 우리가 그런 자질을 갖추지 않은 상태에서 외계로 나아가는 것은 전체에게 대단히 위험하다. 하루빨리 많은 깨달은 자들로 하여금 우리 인간을 순화시키고 스스로 통제할 수 있는 능력을 심어줘야 되겠다.'라는 의무감 같은 것을 느끼게 되었습니다.

나는 이렇게 생각합니다. 과학이라는 것은 이성을 바탕으로 해서 발전하기 때문에 어디까지든지 확대될 수 있습니다. 거기에 수축의 요소, 자기 통제의 요소인 정성이라는 것이 겸비되지 않으면 자칫 위험할 수도 있습니다. 저번에 누가 발표를 할 때, 퀴리부인이 방사성물질을 발견했다고, '죽었으면 하는 존재'로 손꼽았는데, 방사성물질을 발명한 그 자체가 나쁜 것은 아닙니다. 그 자체는 대단히 훌륭한 일입니다. 다만 그것을 관리하고 통제하는 데에 우리 스스로의 자제력과 통제력을 갖추지 못한다면 극히 위험하다는 것입니다. 그래서 우리는 '이성의 축'과 '정성의 축', '확대의 축'과 '통제의 축', 이 두 축을 잘 관리해 나가야 합니다. 그래서 우리가 지금 이 자리에서 수련하고 수도하고, 우리를 통제하고 관리하는 공부를 하고 있는 장면과, 학교에서 이성을 통해서 과학을 공부하고, 철학을 공부하고, 숫자를 계산하는 장면이 똑같은 비중의 공부를 하고 있는 것입니다. 세상은 통제에 의해서 조절되며 존재합니다. 만약에 이 지구상에 영원히 자라는 나무가 있다면 그 한 나무에 의해서 지구는 파괴되고 말 것입니다. 그래서 나는 어떠한 자라도 전지전능한 자가 있으면 안 된다고 생각합니다. 설령 하나님과 같은 존재라 하더라도 전지전능함을 마음대로 행사할 수 있어서는 안 된다고 생각합니다. 어느 누구에게도 완벽하게 모든 것을 다 갖게 해서는 안 된다고 생각합니다. 그러면 자칫 무자비한 파괴자가 될 수도 있기 때문입니다. 그러므로 우리는 스스로 전지전능하게 되려고 할 것이 아니라 완벽히 조화롭게 되려고 노력하는 쪽으로 나아가야 한다고 생각합니다. 그런데 사람들은 전지전능하게 되고 싶어 합니다. 남들이 행사하지 못하는 것을 나는 행사할 수 있게 되고 싶어 하는 것이 인간의 무리한 욕망입니다. 만약에 누군가 전지전능한 능력을 갖게 된다면 그에 의해 모든 권능이 독점되고 말 것입니다. 그러면 모두가 그의 지배하에 들어가고, 그의 의지에 의해서 전체가 파괴되고 말 것입니다. 비록 하나님이라 할지라도 전체의 조화와 전체의 이로움을 위해서가 아니라면 마음대로 힘을 써서는 안 된다고 생각합니다. 절대로 어느 누구의 독선, 독재가 마음대로 행사되어서도 안 되고, 또한 그것을 용인해서도 안 됩니다. 인류의 역사는 어느 하나에게로 힘이 몰리는 것을 분산시키려고 끊임없이 노력해 온 역사입니다. 그렇게 해서 지금 이런 사회를 이루어 나가고 있고, 지금도 우리는 경계를 하고 있습니다. 민주를 부르짖던 자에게 권력을 주고 난 뒤에도 '혹, 저 사람도 독재로 흐르지 않나?' 하며 감시하고 감독합니다. 우리는 공동으로 나누어야 다양성을 지닐 수 있습니다. 다양성을 지녀야 그 다양성을 재료로 진화, 발전해 나갈 수 있습니다.

인간은 외적인 모든 것은 개조하고 개선하고 개량하려고 노력해 왔다. 그리고 노력하고 있다. 그러나 자신을 개조하고 개선하고 개량하는 데에는 소홀히 해왔다. 우주 멀리에까지 또는 아주 미세한 소립자에까지 많은 추구와 노력을 해서 많은 것을 알게 되었고 관리할 수 있게 되었다. 그러나 인간 자신에 대해서 잘 알게 된 것은 아니다.

　우리가 바깥쪽으로 알아나가고 좀 더 편리하게 만들어나가는 데는 아주 열심인데, 우리 자신의 내면을 관리하고 개선, 개량하는 데에는 대단히 소홀합니다. 앞으로의 교육이 어디로 가야 할까를 생각 할 때, 교육은 이 둘, 즉 내외를 다 조화롭게 조절하면서 가야한다고 생각합니다. 그런데 지금은 바깥쪽으로만 너무 많이 치우쳐 있기 때문에 내면으로 끌어들여서 내면을 잘 개선하는 쪽으로 좀 더 우리의 노력을 기울여야 합니다.
　그리고 우리는 외부의 물질과 그 작용, 또 그것을 관리하는 데에 대해서는 많이 알고 있지만, '인간이 과연 무엇인가?', '생명이 무엇인가?', '인간 스스로를 어떻게 관리하고 어떻게 통제할 것인가?' 하는 문제에 대해서는 오히려 무지한 상태에 있어서 우리는 아직까지도 진정한 해답을 못 찾고 있습니다. 우리 생명을 이루어나가는 정보체인 DNA에 대하여 우리가 이러니저러니 하는데, 사실 그것이 어떻게 있느냐 하는 것은 알아냈지만 그 정보가 왜 구성되어 있는지, 왜 그렇게 존재하는지에 대해서는 해답을 못 찾았습니다. 오늘날 우리는 전기를 쓰고 있습니다. 전기가 없다면 아마도 인류가 이루어 놓은 문명은 일시에 암흑세계로 돌아가고 원시시대로 돌아갈 것입니다. 현대문명이 일순간에 무너져 옛날로 돌아가 부싯돌을 치고 있어야 하고, 돌팔매질을 배워야 하고, 동굴 속으로 기어들어가야 할지 모릅니다. 우리는 전기를 이렇게 편리하고 다양하게 쓰고 있으면서도 정작 전기의 근본이 무엇인지는 아직 모르고 있습니다. 성질, 활용법, 응용법은 다 알고 그것을 변환시켜서 온갖 곳에 쓰고 있지만 전기의 근본은 모르고 있습니다. 자기장(磁氣場)도 마찬가지입니다. 그와 같이 바깥쪽에 이루어져 있는 많은 것은 잘 알면서도 그 핵심인 본질에 들어가서는 아직 명확한 답을 못 찾고 있습니다. 우리 바깥의 문제보다 우리 내면으로 들어올 때 더더욱 그렇다고 생각합니다.

사실 그 복잡한 컴퓨터 회로로 온갖 것을 다 합니다. 지난번에 일본에서 컴퓨터 기판 만드는 기계를 전시한다고 해서 가 봤습니다. '야, 거기에 가면 현대 문명의 진수를 보겠구나.'라고 생각해서 가 봤습니다. 그런데 나는 그처럼 재미없는 산업박람회는 처음이었습니다. 보통 산업박람회에 가면 외형적으로 이상한 것들이 있어서 볼 것이 많은데, 거기에는 별로 볼 것이 없었습니다. 전부 손가락 한마디만한 데서 이루어지고 있었습니다. 기판들을 잇는 등의 작업을 하는 것이 모니터에 나옵니다. 눈에도 잘 안 보이는 머리카락 같은 것들을 이어나가는데 그 속도가 이루 말할 수 없었습니다. 상상이 안 될 정도였습니다. 나는 전문가가 아니니까 모니터를 봐도 하나도 재미가 없었습니다. 눈으로 보면 그냥 빵빵빵 점찍는 것밖에 없습니다. 컴퓨터는 그렇게까지 섬세하게 하면서도 막상 우리 뇌를 놓고는 막막해 합니다. 지금 우리가 알고 있는 상태는 뇌의 전두부는 어떤 것과 연결이 되어 있고, 후두부는 어떻고, 시상하부는 어떻고 하는 정도입니다. 그 안에서 氣가 어떻게 작용하고, 어떻게 정보가 교류되어서 어느 창구로 어떻게 가고 하는 것은 거의 모르고 있습니다. 마치 두부 같은 이 두뇌가, 우리가 밖으로 만들어 놓은 것의 용량보다 훨씬 더 많은 용량을 전부 관장하고 있습니다. 그 속에서 온갖 생각을 다 하고 있습니다. 사실 우리는 아직까지 우리 내면에 대해서 지극히 무지한 상태에 있습니다.

유전의 법칙을 알아내고 유전자를 조작하기도 하지만 생명, 그 자체에 대해서는 잘 알고 있는 것이 아니다. 정신 영역에 있어서도 많은 것을 알아내고 치료도 하고 있지만 영혼, 그 자체에 대해서는 잘 알고 있는 것이 아니다.

오늘 동아일보 '해외토픽'란에 보니까 정신과에서 아주 단시간에 정신 감정을 할 수 있는 헬멧이 나왔다고 소개되어 있었습니다. 그러나 영혼을 감정하는 것은 아닙니다. 영혼에 대해서 알아낼 수 있는 것은 아닙니다. 그것처럼 우리는 근본 문제에 들어가면 들어갈수록 아직 개념조차도 불확실하고 해답도 없는 상태입니다. 어떤 면에서는 지금 우리가 이렇게 공부하고 궁극을 추구하고 있는 것은 이런 근본 문제에 대한 해답을 얻고자 하는 강한 욕구 때문이 아닌가 생각합니다.

이렇게 우리 인간은 여러 가지의 장(場)을 변환시켜 가면서 문화라는 바탕을 이룩하고 이 지구상에서 스타가 되어서 살아가고 있는데, 이 문화의 장은 우리의 정성을 응축하는 신앙·종교와, 이성을 확대시키는 과학으로 크게 대별될 수 있다. 이 두 가지가 커다란 장으로서 활동을 하면서 현대에까지 왔다. 그런데 그 두 가지는 아주 상반된 요소를 지니고 있다. 종교는 수정을 허용하지 않는다.

하나님을 끊임없이 수정한다면 그는 이미 하나님이 아닙니다. 하나님이 토론의 대상이 되어 버린다면 이미 하나님의 권위가 없어진 것입니다. 따라서 하나님은 수정의 대상이 아니요, 토론의 대상도 아닙니다. 그래서 종교는 수정을 허용하지 않는 것입니다.

그러나 과학은 끊임없이 수정을 허용해야 한다. 만약에 과학이 수정을 허용하지 않는다면 그것이야말로 전혀 발전할 수 없는 과학이 되어버린다. 그런데 문제가 있다. 종교가 수정을 허용하지 않고 과학은 수정을 허용하지만, 만약에 과학이 수정을 허용하지 않는다면 인류는 진보할 수 없고, 종교가 수정을 허용한다면 우리 인류는 방황하게 된다. 이 두 개의 장이 어느 부분에선가 겹치고 있어야 한다.

앞에서 말 한 두 개의 장이 겹쳐있다는 이야기를 적용해서 얘기하자면, 우리에게 있는 응축하는 기운과 확대시키는 기운의 두 장을 우리의 내면에서 겹쳐있게 할 수 있어야 우리는 밖으로는 무한하게 펼쳐진 우주의 사물에 대하여 깨달음을 얻을 수 있고, 내면으로는 상대적인 갈등으로부터 벗어나서 온전한 합일에서 오는 평화와 행복과 안정을 누릴 수 있습니다. 그래야 이 두 가지 요소를 다 충족시킬 수 있고, 근원으로 돌아갈 수 있습니다.

송광사 부속암자인 오도암에서 달맞이꽃이 피는 장면을 감동스럽게 본 적이 있다. 꽃봉오리가 막 터지려는 것도 있고, 아직 설익은 꽃봉오리들도 섞여 있었다. 곧 활짝 필 것 같은 꽃봉오리가 다른 봉오리가 따라올 때까지 기다리고 있는 것이 아닌가! 그러다가 거의 다가 꽃필 출발선에 같이 선 것이 확인이 되었는지 막 다투어 뽁뽁 소리를 내며 피는 것이 아닌가! 그 감동은 잊을 수가 없다. 그 공정하고 당당한 경주는 우리 인간에게 많은 교훈을 준다.

1982년인가 1984년인가 송광사의 오도암이라는 곳을 찾아갔는데, 그 곳은 송광사에서 상당히 떨어져 있어서 차를 타고 한참 가야 하는 곳이었습니다. 그런 곳이 있다는 말만 듣고 갔었는데, 가보니까 호주에서 오신 '지광'이라는 비구니 스님이 한 분 계셨습니다. 그 스님과 몇 마디 나누는 사이에 저녁이 되었습니다. 그날 저녁에 어떤 일이 있었느냐 하면, 그 앞마당에 달맞이꽃이 있었습니다. 여러분은 혹 달맞이꽃이 피는 것을 보셨습니까? 달맞이꽃이 필 때에는 그 꽃이 열리는 것이 눈에 보입니다. 그 장면이 내게 엄청난 감동을 주었습니다. 초저녁에 보니까 달맞이 꽃봉오리들이 총총히 있었는데 어떤 것은 거의 다 필 듯이 이만큼 열려 있었고, 어떤 것은 아직 새파란 것이 전혀 거기에 못 미쳐 있었습니다. 그 차이가 굉장히 컸습니다. 하나는 곧 필 듯 했고, 하나는 '내일쯤 되어야 겨우 요정도 되지 않겠나.' 싶을 정도로 그 차이가 컸습니다. '요정도 같으면 피는 것을 곧 보겠구나.'라고 생각하면서 기다리고 있는데, 이만큼 열려 있던 것이 꽃을 안 피우는 것입니다. 지광스님과 얘기하면서도 보고 또 보고 하는데, 그때까지 그렇게 미숙했던 아주 어린 것이 어느 순간 점점 커지고 있었습니다. 크는 것이 눈에 보일 정도였습니다. 해가 거의 떨어질 정도가 되었을 때, 어둑 사리가 약간 낄 정도가 되었을 때, 그때부터 뽁! 뽁! 뽁! 하는 소리를 내면서 전체적으로 막 피기 시작하는 것이었습니다. 그 장면이 너무나도 감동이었습니다. 자기가 일찍 왔다고 해서 먼저 피어버리는 것이 아니라 기다리고 있는 것이었습니다. 그 꽃들이 아주 공정한 경쟁을 할 수 있는 출발선을 딱 그어 놓고 기다리고 있었던 것입니다. 그러다가 어느 시점이 되니까 동시에 쫙쫙쫙 뽁뽁뽁 꽃을 피워내는 것이었습니다. 이 대자연에 이렇게 통제하고 기다려 주는 힘과 통제선이 있다는 것!, 그 자체가 너무나도 큰 감동이었습니다.

   우리 인체 역시 굶주리고 있는 동안은 성장속도를 떨어뜨리고 기다린다. 그러므로 굶주림이 너무 심한 상태가 아닌 한, 성장에 관한 손실은 메워 질 수 있다. 이렇게 전체가 어떤 상태에 이르기까지 기다려 준다든지, 한 때에 생긴 손실을 보상해 낸다든지 하는 것은 무엇에 의한 것일까? 아마 개체 개체가 서로를 확인해서 그렇게 되는 것은 아닐 것이다. 말하자면 '장(場)의 성쇠(盛衰)'에 의한 것이라고 생각한다.

장이 성숙하기까지, 즉 꽃필 장이 성숙하기까지 그 꽃봉오리는 제어 되어 있고, 여린 꽃봉오리는 재촉을 받고 있는 것이다. 꽃필 장으로 옮아가는 순간이 아마 그의 출발점이 되었을 것이다.

달맞이꽃이 공정한 경쟁을 하듯이 우리 인체 또한 우리가 굶주리고 있을 때는 성장속도를 낮추어서 기다려 줍니다. 이런 신비한 일들이 대자연 속에서는 아주 자연스럽게 일어나고 있습니다. 그렇게 기다려 주지 않고 확 성장해 버린다면 그 다음에는 영양을 공급해도 그 간격을 메울 수가 없습니다. 그런데 기다려 줍니다. 공백을 안 만듭니다. 그러니까 그 뒤에 공급하면 금방 그걸 받아서 성장합니다. 그렇게 이 대자연이 스스로의 조절력을 지니고 있습니다. 이 얼마나 감동스러운 일입니까?

그런데 이러한 현상이 개체 개체가 즉, 이 꽃봉오리가 옆의 꽃봉오리를 보고 '네가 아직 덜 왔으니까 내가 좀 기다리지' 하는 식이 아니라 '꽃필 장이 지금 성(盛)하게 되었느냐? 쇠(衰)하냐?' 하는 장의 성쇠에 의해서 그런 작용이 일어나는 것입니다. 그래서 문화를 이해한다든지, 역사의 변화를 이해한다든지, 문명의 흥망성쇠, 국가의 흥망성쇠, 한 가정의 흥망성쇠, 한 개인의 운세의 흥망성쇠 등은 장의 성쇠를 이해하지 못하고는 도저히 이해할 수 없는 것입니다.

달맞이꽃에서 보듯이 장의 성쇠에 의해 공정하고 당당하게 꽃피기를 시작합니다. 뽁뽁뽁 소리를 내면서 핍니다. 여러분이 그 장면을 직접 봤다고 생각해 보십시오. 너무나도 감동적인 장면입니다. 이 대자연에 숨겨진 기운이 있고, 그것이 공정함을 보여주는 장면입니다. 만약에 이 대자연을 그렇게 다루어 주는 통일된 어떤 힘이 없다면, 또 그런 전체를 가누어 주는 우주적인 의지가 없다면 어떻게 그게 가능하겠습니까? 나는 이 우주를 '유기적인 우주'로 보고 있습니다. 이 지구도 **가이아**[1] 즉, 하나의 유기적인 삶의 터로 보고 있습니다. 우리가 살아가고 있는 우리의 조직체도 하나의 유기적인 터전으로 보고 있습니다. 내 육신도 내 전체의 영혼이 살고 있는 유기적인 터전으로 보고 있습니다. 그와 같이 온 우주를 유기적인 관계로 이해하고 그의 주인을 인정하면서, 그 주인의 그 공정하고 당당하고 정의로움을 찬양하면서 나는 살아갑니다.

지금까지 氣의 장이 우리에게 어떤 영향을 미치고, 대자연에서는 어떤 영향을 미치는지에 대해 얘기했습니다. 또한 영향을 미칠 뿐만 아니라 정의와 당당함을 실행하기까지 한다고 얘기했습니다. 여러분이 이러한 장에 대해 이해를 하신다면 우리가 앞으로 살아가야 하는 장의 변화에 대한 고찰(考察)이 필요합니다. 우리는 지금 엄청난 변화의 소용돌이 속에 있습니다. 이 소용돌이를 어떻게 헤쳐나가느냐에 우리 인류의 미래가 달려있다는 것을 깊이 자각하고 함께 하기를 당부 드립니다.

---

1. 가이아(Gaia) : 그리스신화에 나오는 땅의 여신으로 '게(Gê)'라고도 하며 만물의 어머니로서의 땅을 인격화한 신이다.

# 8

氣의
생성과
운행원리

인간은 우주에 있는 모든 정보를 수용해서 그 정보를 통해 '여의화'하여 궁극적으로 영생하고자 합니다. 즉. 우리 인간은 궁극적으로 전지전능하게 되고 영원히 존재하고자 합니다.
..........
일 시 : 1990년 10월
장 소 : 대구 본원
배 경 : '토요신문과의 인터뷰'에서 주신 말씀

## 氣의 체험과 생성원리

**제자 :** 선생님께서는 어떻게 氣를 체험하시게 되었고, 그걸 어떻게 수행방법으로 할 생각을 하시게 되었습니까?

**큰스승님 :** 내가 중학교 2학년 때 해인사로 수학여행을 갔는데, 그때 일주문(一柱門)에 걸려있는 해인사(海印寺)라는 글씨가 눈에 확 들어왔습니다. 무심하게 그걸 읽는데, '바다 海', '도장 印', '절 寺'라고 한 자, 한 자 새기듯 읽다가 문득 이상한 생각이 들었습니다. '바다 해, 도장 인? 이게 뭐지? 바다에 도장을 찍는다는 걸까? 아니면 바다 전체가 도장이란 말인가?' 아무리 생각해도 그 뜻을 알 수가 없었습니다. 그러다가 우연히 '해인도(海印圖)'라는 걸 보게 되었습니다. 해인도는 열 가지의 간단한 도형들과 게송으로 이루어진 것인데, 호풍환

우(呼風喚雨)하고 이산초해(離山超海)를 임의로 할 수 있는 힘이 있다는 그림이었습니다.

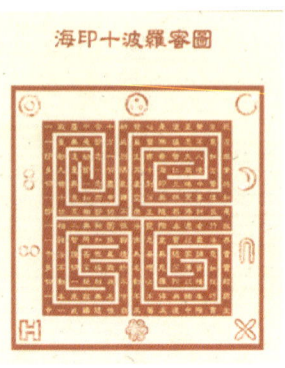

(해인십바라밀도)

그걸 보면서 어렸을 때 품었던 의문이 다시 떠올랐습니다. 그러나 그것이 무슨 뜻인지는 정확하게 알 수가 없었습니다. 그러던 어느 날, 대구 근교의 미륵사라는 자그마한 절에 어머니를 모시고 가게 되었는데, 그 절에는 신기한 맷돌이 있었습니다. 소원을 빌면서 맷돌을 돌리는데, 비는 소원이 이루어질 것 같으면 딱 붙게 된다는 것이었습니다. 그래서 맷돌을 돌려보는데 마치 저항이 없는 무중력 상태에서 돌아가는 것처럼 끝없이 돌아가는 것입니다. 그러다가 문득 해인도를 다시 떠올렸으나 그 진정한 의미를 알 수는 없었습니다. 그 후 세월이 흘러 대학을 졸업하고 아버지로부터 방직공장을 물려받아 운영하면서도 어릴 적에 품었던 해인에 관한 의문은 가시지가 않았습니다. 그러던 어느 날, 명상에 들어서 온몸에 힘을 빼고 앉아 있는데, 볼펜을 들고 있던 손이 저절로 움직이더니 종이 위에 계속해서 원이 그려지는 것입니다. 마치 이미 정해진 길을 가는 것처럼 아무런 저항 없이 아주 부드럽게 그려졌습니다. 그것은 미륵사라는 절에서 맷돌을 돌리던 바로 그런 느낌이었습니다. 그 느낌이 처음에는 미약했는데 시간이 지날수록 그 힘이 점점 분명해지면서 강해졌습니다. '이게 도대체 어떤 힘이란 말인가? 이게 도대체 무슨 의미란 말인가? 그리고 나는 이런 걸 왜 그리고 있는 걸까?' 그런 의문을 품고 계속해서 원을 그렸습니다. 볼펜을 들고 가만히 있어보니까 氣의 흐름에 의해 빙글빙글 돌면서 뭔가가 그려지는 것입니다. 처음에는 그게 뭔지 도저히 이해할 길이 없었습니다. 그러던 중 문득 이 우주는 모두가 원운동을 하고 있다는 것을 깨닫게 되었습니다. 미시세계에서부터 거시세계에 이르기까지 모두가 원운동을 하는 것입니다. '돈다는 것, 이것이야말로 모든 것의 원천이 아닐까?' 하는 막연한듯하지만 궁극적인 그 의구심에서부터 이 공부를 시작하게 되었습니다.

**제자** : 볼펜으로 그려지는 것에 대한 해답은 찾으셨습니까?

**큰스승님** : 나는 그 후에도 계속해서 그리면서 점차 그 의미를 깊이 이해할 수 있게 되었습니다. 그리고 그런 운동을 '**회로**[1]'라고 부르기로 했습니다. 내가 그리는 회로운동은 점점 다음과 같이 구체화되어

---

1. 회로 : 우주의 실체이며 근본 소(素)인 O의 자성운동을 그림 형식으로 표현하는 수행법. 회로제도를 하는 목적은 우주만물의 숨겨진 실상(實相)을 밝혀내기 위함이다.

져 나왔습니다.

처음에 ◯ 와 같이 돌던 것이 어느 순간 ◯ 와 같이 한쪽으로 쏠리면서 기울어졌습니다. 그러다가 ◯ 와 같이 그 운동에 상대하는 또 하나의 운동이 일어났습니다. 그걸 보고, '처음에는 똑바로 돌던 것이 왜 한쪽으로 기울어질까?', '아! 이 우주가 균형이 깨어짐으로써 운행되기 시작하는 것이로구나.' 그리고 그에 상대하려는 또 다른 운동이 일어나는 것을 보고는, '아! 우주는 균형이 깨지는 데서 시작하여 균형을 이루는 쪽으로 진행되어 가는구나.' 이렇게 스스로 자문자답하면서 그 원리를 알아가게 되었습니다. 그러는 사이에 기운이 안으로 모여서 ◎ 와 같이 세 개의 층으로 나누어졌습니다. 이것은 알의 발생 초기에 내배엽, 외배엽, 중배엽의 삼배엽으로 분화되는 것과도 일치합니다. 모든 것이 하나에서 시작해서 둘이 되고, 둘이 셋이 되며, 셋으로부터 우주만물이 형성되는 이치가 회로 운동을 통해서 그대로 표현되어져 나왔습니다. 이렇게 회로를 통해서 나는 우주의 기본 원리를 이해하기 시작했습니다.

'그런데 이것을 내가 어떻게 표현해야 할까? 흔히 이런 작용을 '氣'라고 표현하는데, 나는 이것을 어떻게 설명할까?' 그러다가 다음과 같이 정리했습니다. '여기에 세 개의 층이 있다. 이 각각의 층은 흐름이 있는데, 이 흐름을 선으로 표현하자. 선이 ── 게 누워있으면 무형(無形)이고, │게 서 있으면 유형(有形)이다. 모든 것은 ☰와 같이 셋이 기본인데, 그 셋에 중심이 잡히면 王이 된다. 그 위에 주도하는 것이 있으면 主가 된다. 王에서 중심이 이동하여 ⺕처럼 되면 전체가 ⺕와 같이 기울어진다. 그렇게 기울어지면 ∞와 같이 구르게 된다. 우리가 가장 쉽게 대자연의 운동성을 표현하면 어떻게 될까? │은 서 있어서 살아있는 것이고(有), ━ 은 누워있어서 죽은 것이(無), ╱은 앞으로 기울어져 나아가는 것이고(進), ╲은 뒤로 물러서는 것(退)이다. 모든 것은 이 유무진퇴(有無進退)의 네 가지 기운에 의해서 운행되어가는 것이다. 이 넷을 하나로 묶어 표현하면 ✳와 같이 된다.' 이렇게 정리하고 이 전체를 조합해보니까 한자(漢字) '氣'와 닮았습니다. 우리가 그릇을 사용할 때 그릇 자체보다 그릇이 이루어낸 빈 공간에 작용력이 있습니다. 이것을 일러 도덕경에서는 '수레바퀴살이 30개가 있어도 그 사이에 빈 공간이 없으면 바퀴가 안 되고, 또 창문과 문틀과 벽이 있어도 그 사이에 공간이 없으면 방이 안 되고, 진흙을 빚어서 그릇을 만들어도 가운데에 빈 공간이 없으면 그릇으로 쓸 수 없다.'라고 했습니다. 그릇이 되도록 해준 것은 그릇을 받쳐주고 있는 다른 작용인 것입니다. 이런 여러 가지 운동의 조합으로 형성된 '氣'라는 글자에서 ⺕반은 보이지만 반은 무형이라서 작용력이 안 보이니까 실제로 그려 넣을 수 없습니다. 우주의 근원이요, 본질인 ○은 자체충동에 의해 氣를 발생시키는데, 氣의 발생과정을 부호로 나타내면 다음과 같습니다.

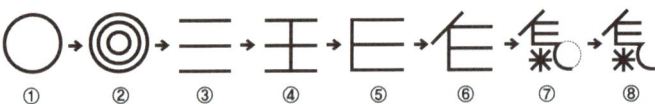

　우리 인체에는 아주 묘한 작용이 일어납니다. 세포가 온전하게 자기를 유지하기 위해서 화학물질을 내는데, 그러한 물질이 쌓이게 되면 자기 방어능력이 오히려 제한받습니다. 즉, 자기 속에 자기가 가득 차서 자기를 죽입니다. 그런 작용이 크게 일어나면 결국에는 자기가 자신을 공격하는 일이 생깁니다. 류머티즘관절염이란 게 바로 그렇게 해서 생깁니다. 자기가 자기를 공격해서 심장판막을 공격하면 판막이 헐어서 피가 역류합니다. 자기가 자기한테 공격을 받는 것입니다. 또 아이를 잉태했을 때 거의 대부분은 한 번쯤 낙태할 위험을 맞게 되는데, 그것은 모체가 태아를 공격하기 때문입니다. 그런데 사실은 그렇게 공격하는 사이에 모체가 갖고 있는 면역력을 태아에게 전해 줍니다. 어떤 면에서 보면 자기를 존재하게 하는 것은 자기를 가득 채우는 것이 아니라 자기를 비우는 것입니다.

　우리가 氣를 파악하는 데는 작용과 우주의 운동을 파악하지 않고서는 불가능합니다. 氣라는 것은 우주가 생성, 소멸하는 모든 것을 표현하는 기호입니다. 그런데 氣를 공부하거나 거기에 관심 있는 사람들은 엉뚱한 쪽으로 생각하고 불건전한 호기심을 갖는 경우가 아주 많습니다. 그래서 氣를 우주근원의 작용력으로 보지 않고, 불건전한 호기심을 충족하는 데 쓰는 경우가 참 많은데, 이는 크게 경계해야 합니다. 우리는 이러한 氣를 바르게 알고 바르게 써야 합니다. 칼은 잘 쓰면 요리도 하고 조각도 하지만 잘못 쓰면 살인을 하기도 하고 자기를 다치게 하기도 합니다. 氣 또한 칼과 같아서 써야 할 때에 안 써도 위험하고, 안 써야 할 때에 마구 써도 위험합니다.

제자 : 氣라는 것을 일상생활에서도 느낄 수 있습니까?

큰스승님 : 지금 이렇게 말하는 것이 서로를 통하게 하는 氣입니다. 이야기도 氣입니다. 우리는 氣라는 것을 별개의 무엇으로 생각하기 쉬운데, 氣는 모든 사물과 행사(行事) 속에 있습니다. 우주만물의 생성, 성장, 소멸하는 모든 운행이 氣작용에 의한 것이라고 생각하면 됩니다. 열기, 분위기, 이야기 이런 것들도 다 氣작용에 의한 것입니다.

제자 : 실제로 '氣가 찬다, 氣가 세다'라는 상태가 있습니까?

큰스승님 : 어떤 것도 항상 머무르고 있는 것은 없습니다. 그야말로 무상(無常)하게 변해갑니다. 변해간다는 것은 모든 것이 흘러가는 것입니다. 물이 흐를 때 어떨 때는 졸졸졸 흐르기도 하고, 어떨 때는 우당탕탕 흐르기도 하고, 어떨 때는 떨어지기도 하고, 어떨 때는 끊기기도 하고, 어떨 때는 스며들기도 하는데, 그와 같은 과정이라고 보면 됩니다. 그와 같이 한 사람이 살아가는 데에도 氣가 몰려있기도 하고, 어떨 때는 스며들어서 가라앉아 있기도 하고, 어떨 때는 급히 흐르기도 하고, 어떨 때는 뚝 끊어지기도 합니다.

우리가 이런 氣작용에 대해 바르게 이해하고 그것을 쓸 수 있게 된다면 세상을 자유자재할 수 있습니다. 나는 氣운영을 초능력이 아니라 잠들어 있는 능력을 깨워내는 것이라고 생각합니다. 내재되어 있는 본성을 깨워내서 그것이 활동하게 하면 모두가 할 수 있는 능력이라고 생각합니다. 나는 氣운영을 하는 것이 어떤 법칙인지, 한 개인의 능력인지를 확인하기 위해서 사람들에게 공부를 시켜보았습니다. 시켜보니까 다른 사람들 역시 해내는 것입니다. 그렇다면 이건 누구 한 사람의 초능력이 아니라 잠들어 있는 본성이 깨어나는 것이라고 생각했습니다. 지금 인류에게 큰 영적 파도가 일어나고 있는데, 이 큰 파도를 현생인류가 잘 탄다면 우리 인류는 스스로 그런 능력을 개척할 것이 분명하다고 봅니다.

## 궁극의 입자인 O과 회로운동

이러한 氣가 우주를 운행하는 근본 작용력이라면, ○은 우주의 근원이요, 본질이라 할 수 있습니다. 흔히 '○'과 '영'과 '영혼'을 혼동하는데, 그 개념들을 설명하자면 이와 같습니다. 즉, 우주의 근원이요, 본질이며 근본 소(素)를 '○'이라 하고, 그 ○들의 조합으로 이루어진 것을 '영'이라 하며, 그런 영의 작용을 '혼(魂)'과 '백(魄)'이라 합니다. 그런데 우리는 우주의 본질을 어떻게 이해해야 할까요? 지금 현대과학은 근원적인 우주운동을 이해하려고 소립자 가속기를 만들어서 입자를 광속에 가깝게 가속시킵니다. 프랑스에서는 27km가 되는 가속기를 만들었는데, 그 비용이 무려 5조원이고, 박사급 연구원이 3,000여명이나 동원되었다고 합니다. 그렇게 막대한 비용을 들여서 그걸 만든 이유는 궁극의 우주운동을 찾는 것이 목적이라고 합니다. 입자가속기에서 입자를 충돌시키니까 그 입자가 깨져서 300여개 이상의 소립자가 생겼는데, 거기에 이름을 붙이면서 그들의 성질을 파악하고 있습니다.

인간은 왜 그런 막대한 돈을 들여서 궁극의 입자를 찾으려고 할까요? 그것은 우주생성의 비밀을 소립자에서 찾으려고 하기 때문입니다. '바다에서 배가 어떤 높이의 파도에 넘어지는가?' 하는 실험을 할 때에 조그만 배를 만들어서 합니다. 그것은 작은 것에서 나온 결과를 확대시키면 전체에 적용시킬 수 있기 때문입니다. 그러하듯이 그렇게 미소(微小)한 세계에서 찾아낸 소립자와 우주생성과 관계가 있습니다. 그들은 입자가속기를 통해서 더 이상 쪼개지지 않는 궁극의 것을 찾으려고 한 것입니다. 어떤 것이 더 이상 쪼개지지 않는다면 영생하게 됩니다. 구성하고 있는 것이 깨어지기 때문에 존재하지 못하거나 파괴되거나 죽는 것입니다. 우리가 **초전도체**[1]를 개발하고 나서 그것을 응용해서 자기부상열차를 만들고 무저항전선을 만듭니다. 그것처럼 만약에 인간이 영원히 깰 수 없는 입자를 찾아서 그것을 응용하

---

1. 초전도체(superconductor, 超傳導體) : 임계 온도 이하에서 전기저항이 0에 가까워지는 초전도현상이 나타나는 도체이다. 초전도체는 자기 부상 열차, 입자 가속기, 자기 공명 영상 장치, 전자 소자 등에 이용하고 있다.

면 영생(永生)할 수 있게 됩니다. 모든 것은 우리 인간에게 적용시키기 위해서 하는 것입니다. 그래서 어마어마한 돈과 인력을 투자합니다. 그런데 사실 소립자라는 것은 우리가 쉽게 관찰할 수 있는 것이 아닙니다. 웬만한 현미경으로는 보이지도 않습니다. 너무도 작고 수명 또한 너무 짧기 때문에 일반적인 방법으로는 찾을 수가 없습니다. 그래서 지나간 흔적인 비적(飛跡)을 통해서 그의 운동을 알아냅니다. 우리가 창문에 손을 대었다 떼면 손자국이 남아있는 것처럼 어떤 운동이 일어나면 그 주위에 에너지의 변화가 일어나서 상황이 달라집니다. 그래서 그것을 찾아내서 증폭하고 그 운동을 재합성해서 컴퓨터로 그려냅니다.

　이러한 우주운동이 우리 몸을 통해서 나오는 것이 '회로'입니다. 즉, 회로란 우주운동을 그림형식으로 나타내는 것인데, 회로를 하나의 부호로 설명하면 다음과 같습니다. 어떤 것이 존재하려면 완전히 개방되어 있는 것이 아니라 ㅇ와 같이 어떤 테두리 안에 제한받고 있어야 합니다. 이 테두리에서 압력과 저항을 받으면 'ㅎ'와 같이 하나는 내놓고 하나는 끌어당깁니다. 그렇게 하고 있는 |이런 존재인 ㅎ에, 'ㄹ'와 같이 나가고 들어가고 하는 불균형이 생기게 됩니다. 즉, 들어간 자리가 있고 나오는 자리가 있는데 이걸 'ㄹ'이라고 합니다. 'ㄹ' 이것이 ── 흘러가고 있는 기운과 |와 같이 연결되어 '로'가 되는 것입니다. 이걸 하나의 그림으로 나타내면 다음과 같습니다.

　이와 같은 의미로 그때부터 나는 이것을 '회로'라는 표현을 쓰기로 했던 것입니다. 그렇게 해서 회로를 그려보니까 은하계의 모습, 소립자의 모습과 같은 것이 나왔습니다. 너무도 놀라왔습니다. 이렇게 보니까 우리 몸이 입자가속기이며, 증폭기이고, 재합성기이며, 그것을 그려내는 로봇이 되는 것입니다.

　인간은 모든 것을 인간에게로 집중시키고 있습니다. 지금 파리, 콩, 잠자리, 도마뱀, 감자 등 모든 생명체의 종자를 보전합니다. 그렇게 종자를 보존하는 이유는 그들이 갖고 있는 유전정보를 필요로 하기 때문입니다. 앞으로는 유전정보를 누가 많이 갖고 있는지에 따라 승패가 좌우됩니다. 다른 생명체는 자기 정보에서 더 이상의 정보를 못 가지면 다른 개체로 옮아가는 수밖에 없습니다. 그런데 인간은 다른 생명체가 갖고 있는 정보를 다 모아서 다른 것으로 변형시키려고 합니다. 인간이 그렇게 하는 이유는 궁극적으로 '여의화(如意化)'하겠다는 것입니다. 처음에 인간이 '하늘을 날아봤으면' 하는 뜻을 세우고 나서 오랜 연구 끝에 비행기를 만들었습니다. 오늘날 과학자들은 유전자 조작을 통해서 날 수 있는 연구를 합니다. 그렇게 어떤 것을 통해서 하되, 결국 자기 내부로 끌어들여서 자기 스스로 '여의화'

하겠다는 것입니다.

여의(如意)는 글자 그대로 '뜻대로 되는 것'입니다. 이 '여의'를 부호로 나타내면 ○=| ○ 와 같이 되는데, 그 의미는 다음과 같이 설명할 수 있습니다. 여기에서 ○은 무형(無形)의 본질을, |은 유형(有形)의 존재를 각각 의미하는데, 여의는 ○과 |을 완벽하게 일치시키는 것입니다. 여의는 아인슈타인의 상대성이론인 $E = MC^2$ 으로 설명할 수 있습니다. 모든 것이 에너지를 수용해주는 체(體)가 없으면 그 에너지는 수용되지 않습니다. 즉, 우주의 본질은 ○인데, ○은 텅 비어 아무것도 없는 것이 아닙니다. 그의 내부에는 생성과 소멸을 관장하는 ✚이 들어있어 ⊕와 같이 되어있습니다. 그런데 내재되어 있는 ✚을 밖으로 끌어내려면 광속의 제곱인 $C^2$의 힘이 필요합니다. 광속의 제곱에 해당하는 힘을 가하면 ○속에 내재되어 있던 ✚이 밖으로 나와서 ○와 같이 됩니다. 정리하면 ○은 E로, M은 |으로 각각 나타낼 수 있는데, 여기에 광속의 제곱인 $C^2$의 힘이 가해지면 물질은 완전히 에너지화 됩니다. 인간은 우주에 있는 모든 정보를 수용해서 그 정보를 통해 '여의화' 하여 궁극적으로 영생하겠다는 것입니다. 즉, 우리 인간은 궁극적으로 전지전능하게 되고자 하며, 영원히 존재하고자 하는 것입니다. 즉, 신과 같이 되고 싶어 합니다. 그런데 이러한 것을 우리는 입자가속기를 동원하지 않고 우리 몸을 통해서 우주운동을 표현해 낼 뿐만 아니라 실제로 응용해서 온갖 방법으로 쓰고 있습니다.

우리는 '여의화'된다는 것을 자기 마음대로 해도 되는 것으로 착각해서는 안 됩니다. 이 우주는 어느 개인이 제멋대로 할 수 있는 것이 아닙니다. 우주는 조화와 균형으로 존재하는데, 그걸 어느 한 개인이 제멋대로 조종한다면 이 우주는 심각한 문제가 생기게 됩니다. 따라서 '여의'는 어느 개인의 욕심대로 조종하는 것이 아니라, 우주근원의 도리와 의지에 맞게 다스려 나가는 것입니다. 이런 도리를 모르는 인간은 개인의 물질적 욕심을 채우기에 급급합니다. 결과로 물질문명은 눈부시게 발전해왔지만 그 물질문명을 주도하고 운용할 영적 수준은 전혀 그에 미치지 못하고 있습니다. 여기에서 오는 불균형이 인간을 극도의 위험으로 몰아가고 있습니다. 그래서 우리는 지금부터라도 우주근원의 도리를 바로 알아서 세상이 희망으로 답할 수 있게 만들어가야만 합니다. 오늘날이 이 같은 상황인데도 사람들은 옛 가르침에만 매달리고 있습니다. 그 예로 불교에서는 우주만물의 근본을 '공(空)'으로 보는데, 공이라는 것을 산스크리트어로 '수냐(sunya)'라고 합니다. 수냐는 어원(語源)이 '부풀어 오르다', '팽창하다'라는 뜻이라고 합니다. 2500년 전의 부처님은 공을 발견했지만, 우리는 지금 회로제도를 통해서 공을 분해하고 조립하면서 목적에 따라 자유자재로 쓰고 있습니다. 오늘날 사람들이 옛 성현의 말씀을 재해석하는 데 급급한데, '만약에 그 분이 현세에 태어나서 깨달음을 얻었어도 그렇게 표현했을까?' 하는 의문이 듭니다. 2500년 전에는 그것이 최선의 표현 방법이었을 것입니다. 하지만 그 분이 지금 이 시대에 태어났다면 그때보다 더욱 근원적이고 본질적으로 표현할 것이라 생각합니다. 그런데 지금도 많은 사람들이 2000년, 2500년 전에 이루어 놓은 것에만 매여 있습니다. 그래서는 안 된다고 생각합니다. 그분들이 못다 했던 것, 완성시킬 수 없었던 것들을 지금 우리가 해내야 합니다. 그것이 후손된 도리입니다. 이렇게 발전된 세상에서도 거기에 매달려서, 거기서 한 치도 벗어나면 안 되는 줄로 착각해서는 안 됩니다. 지금까지 인류가 이루어 온 온갖 정보를 가지고 새로운 해석을 해서 그분들이 못다 한 것을 완성하는 것이 오늘을 사는 우리의 도리이고 책임이라 생각합니다.

## 우리 몸은 정보수용체이다

우리 인간은 무한한 정보를 수용할 수 있는 정보수용체입니다. 그렇기 때문에 나는 인간에게 특별히 관심을 가지고 있습니다. 다른 생물은 전체에게 그다지 큰 영향을 끼치지 못하지만 만약에 인간이 잘못하면 전체가 사멸(死滅)할 위험을 맞을 수도 있습니다. 그것은 인간이 그만한 정보와 힘을 갖고 있기 때문입니다. 우리 인간은 지금까지 물질적인 바탕은 많이 쌓아놓았는데, 그걸 다루고 조종할 영혼은 아직 제대로 정화되지 않고 승화되지 않았습니다. 영혼이 혼탁하여 자기 갈등에 휩싸이고 본성에서부터 흔들리고 있습니다. 정보를 수용하는 주체가 사고력인데, 이 사고력은 쌓여 올라가기는 하지만 그것들이 전부 이어져 있지 않고 듬성듬성 비어있습니다. 그래서 잘 해나가다가도 이어져 있지 않는 부분이 건드려지면 갈등하면서 와르르 무너져 버리고 맙니다. 이런 허점들이 인간에게서 수없이 발견됩니다. 이제 우리는 인간의 육체가 아니라 인간의 영혼에 관심을 두어야 합니다. 그래서 나는 인간의 영혼이 어떻게 구성되어 있는지를 계속 관찰하고 있습니다.

회로를 통하는 방법은 우주의 본질과 인간의 영혼에 대한 공부로서 최선의 공부방법이라고 할 수 있습니다. 왜냐하면 회로가 우주자성(宇宙自性)을 통해서 우주의 근본 도리를 나타내기 때문입니다. 이런 뜻에서 앞에서 설명한 '회로'라는 부호를 다시 한 번 보겠습니다. 우주의 본질인 ○을 그대로 놔두고는 제대로 파악할 수 없습니다. 그래서 그에게 자극을 가해 주니까 반응이 나타나는 것입니다. 즉, 제한 요소를 걸어 줌으로써 그 내부에 든 것이 무엇인지를 파악할 수 있습니다. 옛날에 활을 쏘는 궁터에 가면 화살을 맞히는 표식을 둥글게 해놓았습니다. 그런데 그 표식 위에 선을 하나 그어 놓았습니다. 그 선이 있는 것과 없는 것은 어떤 차이가 있을까요? 그 선이 하나 있는 것이 굉장한 역할을 합니다. 그 선을 통해 표식을 파악하는 것입니다. 여기서 다시 회로의 '회'라는 부호를 봅시다.

'호'에서 보듯이 ○에 압력을 가하면 수축과 팽창하는 두 힘이 작용하게 됩니다. 그렇게 하고 있는 |이런 존재를 '회'라고 하는데, 그

러한 회에, 'ㄹ'와 같이 나가고 들어가며 운행하는 흐름이 생기게 됩니다. 'ㄹ' 이것이 우주의 바탕인 ━ 이런 기운과 │와 같이 연결되어 '로'가 되는데, '회로'는 단적으로 표현하면 우주의 원리에 의해 돌아가는 사물의 운행의 도리를 의미합니다.

　'호'에서 보듯이 아래 위로 제한을 가함으로써 우주의 본질인 ○을 파악할 수 있습니다. 방만한 상태, 완전히 풀려버린 상태에서는 자기파악이 안 됩니다. 자기한테 어떤 제한을 걸어봄으로써 자기파악이 가능합니다. 그래서 우리가 이 세상에서 여러 상황을 경험하는 것은 자기파악을 하기 위한 제한 요소로 볼 수 있습니다. 어떤 사람이 실패를 하게 됨으로써 자기 주위의 사람들을 새롭게 파악하게 되고, 죽음의 고비를 넘기고 나서 자기의 인생관이 바뀌는 것은 바로 이런 이유 때문입니다. 모든 것은 무한히 끌어당기기만 하는 것도 아니고 무한히 내놓기만 하는 것도 아닙니다. 즉, 무한히 팽창하는 것도 아니고 무한히 수축하는 것도 아닙니다. 어딘가에서 극도로 수축하면 어딘가에서는 내놓아야 합니다. 이 우주는 무한히 수축하거나 무한히 커지는 것이 아닙니다. 지금 과학자들이 얘기하고 있는 것은 빅뱅설입니다. 극도로 밀집된 빛의 덩어리가 대폭발을 해서 계속 커져 간다는 것입니다. 지금 보이는 별 중에 제일 멀리 떨어진 별이 약 250억 광년 정도 떨어졌다고 합니다. 그 이후부터는 멀어져 가는 속도가 빛의 속도보다 빠르기 때문에 그 이상은 안 보인다고 합니다. 보이지 않아서 관찰할 수 없지만 계속해서 팽창해간다고 합니다. 그 증거를 은하와 은하 간의 거리, 성운과 성운 간의 거리가 멀어지고 있다는 것으로 증거를 내놓고 있습니다. 그러나 절대로 그렇게 될 수가 없습니다. 또 블랙홀이 생기는 원리를 보면, 별이 초신성이 되어서 폭발하고 나면 그 다음에는 자기가 갖고 있던 전자를 다 날리고 핵만 남게 됩니다. 그 다음에 양자까지도 날리고 나면 중성자별이 됩니다. 그렇게 되면 크기가 극도로 작아져서 '슈바르츠 쉴드 반경'에 들어가서 빛도 못 빠져나오게 됩니다. 계속 끌어들이기만 하는 별이 됩니다. 그러나 영원히 끌어들이기만 할 수는 없습니다. 자기가 어느 정도 끌어들이고 나면 반드시 내놓아야 합니다. 어느 정도 수축하고 나면 반드시 팽창해야 하고, 어느 정도 팽창하고 나면 반드시 다시 수축해야 합니다. 나는 이 우주가 이렇게 수축과 팽창을 반복한다고 봅니다. 그리고 블랙홀은 끌어당기기만 하는 것이 아니라 다시 생성되는 곳이기도 한 곳입니다. 묘하게도 여성의 성기도 그와 같습니다. 여성의 성기는 그곳으로 정자를 받아들여서 그곳으로 아이를 내놓습니다. 그렇다면 블랙홀도 마찬가지일 것입니다.

## 우리 몸은 정보를 수용하기에 적합한 모양을 갖추고 있다

잘 보면 우리 몸은 정보를 수용하기에 적합한 모양을 갖추고 있습니다. 우리 귀는 음파(音波)를 통해서 듣는데, 음파를 들으려면 나팔꽃처럼 소리를 모으는 모양과, 진동을 전해들을 수 있는 막(幕)이 있어야 합니다. 귀가 나팔꽃처럼 생겨서 소리를 모아들일 수 있어야 하고, 얇은 막이 있어서 소리에 민감하게 떨려야 음파의 진동을 전해들을 수 있습니다. 눈은 빛을 받아들여서 사물을 판별하는데, 광자를 받아들이는 구조가 아니면 안 됩니다. 그런데 희한하게도 고등동물로 올라올수록 인간의 눈과 인간의 귀를 닮아 있고, 파리나 도마뱀처럼 하등동물로 내려갈수록 인간과 달라집니다. 그리고 미각과 후각은 사물의 분자가 인체에 직접 들어옴으로써 알아내게 되는데, 말단에 있는 신경세포의 작용을 통해서 알아내게 됩니다. 그런데 분자가 어떤 것은 좌회전하고 어떤 것은 우회전합니다. 특이한 것은 생체를 이루는 아미노산 분자의 배열은 전부 좌회전을 합니다. 태아에게로 이어지는 태반과 탯줄이 좌회전하도록 되어 있습니다. 태아가 이 세상을 나올 때도 자궁 안에서 한 바퀴 돌아서 나옵니다. 사람이 죽을 때도 마찬가지로 영혼이 돌아서 나갑니다. 인체 내부의 기관들 역시 각각 회전을 하고 있습니다. 그래서 먹은 음식의 회전방향이 생체의 회전과 반대 방향이면 충돌을 일으켜서 음식이 아직 위까지 넘어가지도 않았는데 배가 사르르 아프고 설사가 납니다. 음식이 소화되어서 항문을 통해 나오려면 대략 서너 시간이 지나야 합니다. 그런데 충돌이 있을 경우에는 음식이 나오는 것이 아니라 운동이 먼저 나오게 됩니다. 그래서 토하거나 설사를 하게 됩니다. 회전하는 것에 반대방향의 운동을 가하면 부딪치면서 튕겨 나오는 것입니다. 사람과 사람도 마찬가지입니다. 어떤 사람은 만나면 서로를 잡아당기고, 어떤 사람은 만나면 서로 튕겨냅니다. 그것처럼 모든 물체의 분자는 회전하고 있습니다. 회전하고 있는 물체의 분자와 후각신경말단의 회전이 맞지 않으면 냄새를 맡을 수 없습니다.

　이렇게 각 기관을 통해서 받아들인 모든 정보를 한 쪽으로 모으려면 정보수용체인 뇌가 있어야 합니다. 뇌가 표면적을 넓게 하려면 구불구불하게 되어있어야 합니다. 뇌가 단단하고 평평하게 되어있으면 정보수용체가 될 수 없습니다. 꼬아 놓은 실은 풀어내면 긴데, 한 선으로 늘여놓은 선은 길이가 얼마 되지 않습니다. DNA도 많은 정보를 수용하기 위해서 꼬여있습니다. 구불구불하게 되기 위해서는 뇌가 흐물흐물하게 될 수밖에 없고, 흐물흐물 하기 때문에 두꺼운 두개골로 싸주어야 합니다. 또한 정보를 받아들이는 기관과 정보수용체인 뇌는 가까이 있어야 합니다. 그래서 안면에 정보 수용기관들이 전부 모여 있는 것입니다. 그런데 코와 입은 하나씩인데, 눈과 귀는 양옆에 하나씩 있습니다. 그것은 눈이 둘이어야 초점을 정확하게 맞출 수 있고, 귀가 둘이어야 소리의 방향을 정확하게 잡아낼 수 있기 때문입니다. 그리고 우리 인간에게는 두뇌에 견줄 만한 천추라는 아주 중요한 기관이 있습니다. 두뇌가 '사고(思考)의 자리'라면, 천추는 '마음의 자리'라고 할 수 있습니다. 천추는 골반에 자리하고 있는데, 다섯 개의 뼈가 붙어서 하나를 이루고 있습니다. 천추에는 아래위로 통하는 구멍이 8개가 뚫려 있습니다. 위로 오는 정보는 위에 있는 두뇌에서 모아서 처리해 주는데, 밑에 있는 천추는 어떤 역할을 할까 궁금했습니다. 몽골리안에게는 몽골반점이라는 특징이 있는데, 아이가 태어나면 몽골반점이 한동안 시퍼렇습니다. 사과로 말하자면 아직 덜 익은 상태인 것입니다. 말하자면 육체는 다 완성되었는데 마음은 아직 완성이 덜 되었다는 것을 뜻하는 것입니다. 실제로 천추가 있는 엉덩이를 쓰다듬어주면 마음이 편안해집니다. 우는 아이의 천추를 살살 쓰다듬어주면 바로 울음을 그칩니다. 이렇게 천추는 정신영역, 즉 마음을 다루는 데에 굉장히 중요한 곳입니다.

## 우리는 이제 장(場)의 개념으로 이 우주를 이해해야 한다

인간에게는 각자마다 시각의 지평이 있습니다. 성인의 경우에는 시각의 지평이 약 6~8km라고 합니다. 존재하는 모든 것은 그들마다 지평이 있습니다. 지평이 있다는 것은 비눗방울 속에 들어 있는 것과 같습니다. 그것은 마치 알에서 깨어난 알이 또 다른 알속에 들어 있는 것과도 같습니다. 그 속에서 또 한 번 더 깨어나려고 무진 애를 쓰는 것입니다. 나는 우리의 삶이 깨달음의 연속이라고 생각하는데, 깨달음이란 시각의 지평을 넓혀 가는 것이라고 할 수 있습니다. 지각(知覺)의 지평을 넘어서면 깨달음의 지평이 열리게 됩니다. 그래서 '깨달음'이라는 것은 '깨달았다'가 아니라, 이러한 지평을 깨고 나오는 과정, 즉, '깨어서 다다른다'라는 의미로 받아들여야 합니다.

우리는 이제 장(場)의 개념으로 우주를 이해해야 합니다. 시각의 지평이라는 것은 자기가 판단할 수 있는 하나의 장(場)이 형성되는 것이라고 할 수 있습니다. 이렇게 생겨난 장이 자기를 이롭게 할 수도 있고 해롭게 할 수도 있습니다. 이 장에 의해 자기는 끊임없이 출렁거리는 것입니다. 장이 형성되어 있기 때문에 스스로 균형을 잃지 않기 위해 계속해서 힘을 써야 합니다. 이러한 과정에서 자신의 명을 계속해서 소모하게 됩니다. 장의 변화 때문에 끊임없이 자기 명을 소모해 가고 결국은 죽게 됩니다. 때로 그 장이 자기 내면까지 깊숙하게 파고들어가기도 합니다. 그러면 거기에 아주 조밀한 파(波)가 누적이 되어서 병이 생기게 됩니다.

어떤 제한을 받음으로써 장이 생기게 되는데, 장이란 것이 도대체 무엇일까요?

거미가 곤충을 어떻게 그렇게 정확하게 파악할 수 있는 걸까요? 사실 그 거미가 자기가 잡아먹을 곤충을 파악할 기회란 거의 없습니다. 곤충을 관찰해서 거미줄을 뽑아내는 것이 아니라 뽑아낸 거미줄이 곤충의 눈에는 잘 안보이기 때문에 곤충이 거미줄에 걸려드는 것입니다. 처음에는 이것을 이해하기가 대단히 힘들었습니다. 곤충의 눈은 겹눈이라서 눈의 단위가 작습니다. 곤충이 사물을 바라보면 모자이크 식으로 보입니다. 그 모자이크 내에서는 작은 선이 안 보입니다. 곤충들이 그렇게 밖에 볼 수 없는 것을 거미는 정확하게 파악하고 있는 것입니다. 거미는 그 모자이크 내에 들어가는 선을 뽑아서 거미줄을 칩니다. 그 다음에 얼마나 끈끈한가를 스스로 당겨 보아서 너무 처진 것은 다시 칩니다. 어떻게 그렇게 할 수 있는지 정말 너무도 신기합니다. 더 놀라운 것은 둥글게 친 거미줄은 끈적끈적한데, 중심으로 친 것은 끈적이지 않습니다. 그래서 거미 자기가 다니기 좋게 해놓았습니다. 만약에 중심으로 들어가는 것도 끈적끈적하게 해놓았다면 거미 자신이 붙어버려서 먹이를 사냥하기 어려울 것입니다. 거미가 어떻게 이같은 지혜를 가질 수 있을까요? 가만히 생각해보니까 우주는 시행착오를 통해서 진화해가고 발전해가고 깨달아가는 것이 아닙니다. 만약에 시행착오를 통해서 대상을 파악해 간다면 세상만물이 온전하게 존재할 수가 없습니다. 예컨대, 토끼가 호랑이한테 한 번 잡혀 먹혀봐야 호랑이의 무서움을 안다면 어떻게 살 수 있겠습니까? 메뚜기가 독풀을 먹고 죽어봐야 그게 못 먹는 풀인지를 안다면 어떻게 살아갈 수 있겠습니까? 그런데 어떻게 해서 독풀인지를 알고 피하는 걸까요? 그것은 이미 어떤 내장된 정보가 있든지, 뭔가 자연스럽게 상대의 정보와 통할 수 있는 통로가 있든지 해야만 가능한 것입니다.

　나나니벌과 나나니 난초의 경우를 보면 더욱 놀랍습니다. 나나니 난초가 꽃을 피우는데, 나나니벌의 암컷의 크기와 모양과 색깔과 털이 송송 난 모습까지도 똑같을 뿐만 아니라, 그 꽃을 피우는 시기까지 나나니벌의 발정기와 딱 맞추어서 피웁니다. 나나니 꽃은 나나니벌의 생리, 생태 등의 모든 정보를 완벽하게 갖추고 있는 것입니다. 벌은 그래도 돌아다니지만 나나니 난초는 한 곳에서 꼼짝도 않고 있는데 어떻게 그 모든 정보를 받아들일까요? 이것은 장(場)의 개념이 아니고는 도저히 설명할 수가 없습니다. 그 둘 사이에 하나의 장이 형성되어 있다면, 나나니벌은 이쪽 장의 극(極)에 있고, 나나니 난초는 저쪽 장의 극에 있다고 할 수 있습니다. 그렇게 하나의 장에 속해 있기 때문에 서로의 정보가 통하는 것입니다. 즉, 장의 내부에서는 대류현상처럼 정보가 전체적으로 퍼져서 움직이고 있기 때문에 서로 통할 수 있는 것입니다. 그렇지 않고서는 상대의 정보를 공유할 수가 없습니다.

　나는 과연 장의 형성을 발견할 수 있는지 알아보기 위해서 메뚜기장을 설치하고 실험에 들어갔습니다. 책에서 보니까 메뚜기는 한 마리가 200여 개의 알을 낳는다고 나와 있었습니다. 메뚜기장에 2,000여 마리를 넣었는데, 암놈이 절반이라고 가정하면 1,000마리이고, 그 1,000마리 중에서 반인 500마리가 알을 200개씩 낳는다고 하면 10만 개가 됩니다. 그 중에 절반인 50,000마리가 부화된다면 평수가 좁은 메뚜기장에서 관찰하기가 쉽습니다. 메뚜기를 키우기 위해서는 메뚜기가 잘 먹는 풀을 넣어주는데, 나는 메뚜기장에 메뚜기가 잘 먹는 풀을 넣지 않고, 이미 거기에 나 있는 잡초를 그대로 두고 매일 돋보기로 관찰해 보았습니다. 어미는 알이 부화되어 나올 때쯤 되면 죽어버립니다. 그러면 알에서 갓 태어난 메뚜기는 이 세상에 대한 경험이 전혀 없습니다. 그런데 부화되어 나온 메뚜기는 못 먹는 풀에는 전혀 입질도 하지 않는 것입니다. 나중에 보니 메뚜기가 먹을 수 있는 풀들만 깎여 있었습니다. 어미는 이미 죽고 없는데 먹지 못하는 풀을 어떻게 알아서 골라 먹을 수 있었을까요? 이것은 시행착오에 의해 분별하는 것이 아닌 것입니다. 그렇다면 아마 둘 중에 하나 일 것입니다. 하나는 자기 선조들이 시행착오에 의해 누적되어 온 정보가 이미 내장되어 있는 것입니다. 아니면 자기가 풀이라는 대상과 어떤 장이 형성되어 있어서 그런 정보를 갖고 있는 것입니다. 메뚜기의 경우는 그렇게 설명할 수 있는데, 나나니벌의 경우는 그렇게 설명하기 힘듭니다. 사실 나나니 난초가 나나니벌을 볼 때는 비웃을 지도 모릅니다. 우리는 가만히 있는데 저들은 날아다니면서 별 짓을 다한다고 말입니다. 따지고 보면 남녀의 관계도 역시 마찬가지입니다. 모습, 힘 등 모든 것이 다른 데도 불구하고 서로를 정확하게 정보를 알고 후손을 만듭니다. 지금까지 불교에서 이야기해 왔던 '인과율(因果律)'은 전후의 관계를 연결 짓는 데는 매우 쉽습니다. 그러나 모든 변화라는 것은 그렇게 단순하게 전후의 관계로만 연결되어 있는 것이 아니라, 아주 널리 퍼져 있으면서 복합적이고 중층적이고 복수적으로 작용합니다. 그렇지 않고 모든 것을 인과율로만 설명하려 든다면 어떤 거미는 어떤 곤충만 상대해야 합니다. 그런데 거미는 대다수의 곤충을 상대하고 있습니다. 이렇게 보니까 장(場)의 개념이 자기 생존을 보장하는 자기 존재의 바탕이라는 생각에까지 이르게 됩니다.

저기 호주에 가면 아주 예쁜 코알라가 있는데, 그는 유칼립투스라는 나뭇잎만 먹습니다. 따라서 그 나무가 멸종하면 같이 죽게 됩니다. 그런데 이 지구상에 아주 성공을 고루 거두는 것들이 있습니다. 사람, 쥐, 바퀴벌레, 파리 등 잡식성 동물들이 그들입니다. 잡식성이란 자기가 상대하는 필드가 굉장히 넓다는 것을 의미합니다. 장이 좁으면 좁을수록 자기의 생명에 위협을 받게 됩니다. 우리의 사고(思考) 필드도 좁으면 스스로 거기에 갇혀서 죽을 가능성이 높습니다. 때문에 우리가 상대할 대상을 넓혀주는 것이야말로 우리의 생존을 보장하는 길인지도 모릅니다. 한 단계 더 생각하면, 여러 장이 어울려 있을 경우

장과 장 사이에 갈등이 생기게 됩니다. 그런데 상대의 장을 모두 수용하고 있으면 자기의 장을 해칠 것이 없게 됩니다. 그러면 영생(永生)하게 됩니다. 자기에게 억압을 주는 장이 없으면 스트레스를 받지 않습니다. 그러면 자기의 에너지를 쓸 필요가 없습니다. 만약에 자기의 장(場)이 우주만하다면 그는 영생하는 것입니다.

**이제 '우주'를 '웃주'로 이해해야 한다.**

자, '웃주' 이걸 봅시다. 내가 '우주'를 '웃주'와 같이 표현하는 것은 이 우주가 스스로 조직화하기 때문입니다. '우주'가 조리 있게 펼쳐진 우주라면 '웃주'는 조밀하게 조직화되어 있는 우주입니다. '우주'가 '웃주'로 조직화되면서 그의 내부에는 여러 형태의 관계가 형성되면서 다음과 같은 상호 작용을 일으키게 됩니다.

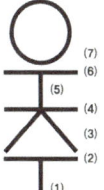

존재하는 모든 것(1)은 제한(2)을 받음으로써 장(場)이 생기고 터전이 생기게 됩니다. 그 터전 위에서 나타난 것은 (3)과 같이 상대적인 양성(兩性)입니다. 이 양성은 극과 극이지만 난자와 정자가 만나 수정이 되듯이 끝에 가서는 (4)에서 서로 만납니다. 즉, 각각의 장을 가지고 있다가 상대의 정보를 수용함으로써 합금하듯이 정보를 합하게 되는 것입니다. 이렇게 합쳐서 (4)와 같이 또 하나를 더 만들게 됩니다. (3)에서는 양극(兩極)으로 나뉘어서 만나다가 (4)에 와서는 하나가 되는 것입니다. 하나가 되어서 (5)와 같이 한 길을 가게 됩니다. 이 과정은 묘하게도 베르누이 법칙을 연상시킵니다. (3)에서 (4)로 가는 과정은 굉장히 힘들었는데 하나로 합쳐서 한 길로 올라가는 것은 굉장히 빠르고 확실합니다. 주사기의 입구를 넓게 해 놓으면 물이 멀리가지 못하고 가까이에 떨어집니다. 그런데 주사기 입구를 좁게 해놓으면 멀리까지 나갑니다. 입구를 좁게 하면 같은 힘을 가지고도 멀리까지 가는 것입니다. 그래서 (5)의 단계에 이르면 아주 빠른 속도로 올라갑니다. 그래서 (5)를 타고 올라가면 정점인 (6)에 이르러서는 또 하나의 필드가 생깁니다. (6)단계까지는 각각의 과정들이 정보라는 개념으로 파악될 수 있습니다. 양극의 정보를 모아서 하나의 정보로 만들어 올라가다가 (6)단계에 이르러서는 정보라는 개념을 뛰어넘어야 합니다. 즉, 어떤 정보들을 모으고 합치는 것이 물리적인 변화라면, 어떤 대상에 큰 압력이나 열을 가해주면 화학적인 변화가 일어나는데, 화학적인 변화가 일어나면 기존의 것과는 전혀 다르게 변화합니다. 즉, (6)에서 (7)의 단계로의 변화는 지금까지 올라온 길과는 전혀 다르게 변하는 것입니다. (6)까지는 선이었는데, (7)에 와서는 ○와 같이 새롭게 됩니다. (6)까지는 연결되는 길이 있지만, 그 다음에는 길이 없습니다. 길이 있다는 것은 공간과 시간의 개념이 있습니다. 그러나 (7)은 시공간이 없는 전혀 다른 차원입니다. 이런 단계를 전부 연결해보니까 '宇'라는 부호가 되었습니다. 우리들이 어떻게 존재하고 궁극적으로 어디로 어떻게 가야 하는가를 설정하면서 부호를 선으로 그려나가 보니까 '宇'라는 말이 된 것입니다. 이것을 볼 때, 우리는 과학자들이 말하는 것처럼 수축과 팽창을 한다느니, 앞으로 나아간다든지 뒤로 빠진다든지 하는 개념을 가질 수 있는 것이 아닌 것입니다. 우주란 시간과 공간의 개념이 아니라 하나의 사상적인 차원인 것입니다.

  물이 거대한 강 속에 있을 때는 브라운 운동, 대류운동을 하면서 움직입니다. 개체는 물 분자이지만 강이라는 큰 흐름 안에서 움직이는 것입니다. 이때 큰 강을 운명(運命)이라고 한다면 거기서 자신이 의지를 가지고 인생을 설계하고 개척하는 것은 물 분자와 같습니다. 그러나 햇볕이 쨍쨍 쪼여서 물이 증발되면 강의 흐름과 무관하게 물 분자는 하늘로 올라갑니다. 완전히 달라집니다. 자기의 존재를 위해서 장이 필요하고 정보가 필요합니다. 그러나 어느 경지에 가면 그 바탕 전체를 초월해야 합니다. 우리는 이런 궁극적인 목표를 가져야 합니다. 그렇다면 진화라는 개념도 다시 이해해야 합니다. 진화를 '進化'로 써놓으니 계속 앞으로 나아가는 것으로 생각합니다. 우주 전체로 볼 때 과연 앞뒤의 개념이 있을까요? 아인슈타인은 중력에 의해서 공간이 휘는 것을 발견하였습니다. 우리가 볼 때 이 우주는 둥근 공 같은 것이 아니라 울퉁불퉁 기하학적인 우주입니다. 그렇기 때문에 우주를 그리면 동그란 것이 아니고 구불구불하게 그릴 수밖에 없습니다. 여기에서는 공간도 시간도 휘게 되어 있습니다. 우리가 시간을 측정할 때, 공간을 달려가는 빛의 속도를 기준으로 해서 시간을 측정합니다. 그런데 공간이 곡률을 갖고 휘어져있다면 시간도 역시 똑같이 휘어져 있게 됩니다. 그래서 과거와 만나게 되고, 또 어느 지점에서 미래와 만나게 되는 것입니다. 때로 과거를 알게 되고 미래가 예측되는데, 그것은 시간과 공간이 움직이는 속에서 만남이라는 현상이 생기기 때문입니다. 그것을 과거, 현재, 미래로 나누는 것은 큰 의미가 없습니다. 우주의 시공간이 이렇게 흐르고 있는데, 이것을 어떻게 계속해서 앞으로 간다고만 볼 수 있을까요? 휘어진 공간의 튜브 안에 있으면 앞으로 간다고 볼 수 있겠지만 위에서 보면 앞으로 간 것이 아니라 빙글빙글 도는 것입니다. 그렇다면 진화라는 말은 나아간다는 개념이 아닙니다. '進' 자를 써서 진화의 개념을 이해하기 때문에 끊임없이 경쟁하는 것입니다. 나보다 앞에 있으면 내가 그보다 더 빨리 달려가야 하고, 나중에는 자기 것을 지키기 위해 따라오는 것을 짓밟으면서 끊임없이 다투어야 합니다. 이것은 옳은 개념이 아닙니다. 그렇다면 이제 우리는 진화를 나아간다는 개념에서 '참 진(眞)'자를 써서 '진리로 화한다.'라는 개념으로 바꾸어야 합니다. 그래서 진리에 순응하느냐, 거역하느냐 하는 관점으로 보아야 합니다. 즉, 진화는 '진리화(眞理化)'하는 것으로 이해해야 하는 것입니다.

이 우주를 주와 같이 부호로 나타내면 다음과 같습니다.

다보탑

석가탑

다보탑을 보면 제일 밑에 4방으로 계단을 만들어 놓았습니다. 정상으로 올라가는 길을 한 곳이 아닌 4방으로 제시해 놓은 것입니다. 이렇게 볼 때, 우리가 진리를 추구하는 데 있어 '이 길만이 옳은 길이다'라고 생각하는 것은 편협한 생각입니다. 계단을 올라가면 1층에는 4방에 각각 기둥을 세워놓고 그 가운데를 비워놓았습니다. 그것은 이제 자신의 속을 비워서 수용력을 키우라는 것입니다. 그릇이 가득 차 있으면 아무리 담으려 해도 담을 수가 없습니다. 담기 위해서는 수용력이 필요합니다. 거기서 다음 단계로 올라가면 지붕 같은 것을 포개 놓고 난간을 만들어 놓았습니다. 그것은 자기가 어느 단계까지 올랐다고 할지라도 밖으로 떨어지지 않게 잡아주는 것이 있어야 한다는 것입니다. 그렇게 잡아주는 것이 사회에서는 법과 질서와 윤리 같은 것이 되고, 종교적으로 말하자면 계율 같은 것이 됩니다. 그 위의 단계로 올라가면 이제 난간 같은 것이 없습니다. 이젠 잡아줄 필요가 없습니다. 처음에는 4방이었다가 8각이 됩니다. 4방에서 8각으로 바뀐다는 것은 점점 둥근 원형이 되어간다는 것입니다. 원으로 가까워지면서 올라가서 연꽃을 만듭니다. 그 위에 보주(寶珠)라는 것을 3개 올려놓았습니다. 그 단계에 이르면, 연꽃이 핀 단계까지 올라가면 이미 완성이라는 개념입니다. 완성은 구형의 개념입니다. 최소의 표면적으로 최대의 부피를 갖는 것이 구형입니다. 구형은 가장 효율화 된 법칙에 맞게 되어있다는 것을 의미합니다. 그런데 그걸 찐빵처럼, 그것도 3개나 눌러놨다는 것은 아무리 완성되어있다 할지라도 스스로를 통제하는 기운이 필요하다는 것을 의미합니다. 그것을 넘어 더 위로 올라가니까 연꽃같이 동그란 것이 있습니다. 이것이야말로 선조들이 가르쳐준 큰 지혜입니다. 선조들은 이 다보탑을 통해서 우리의 인격을 바르게 승화시켜 나가고, 자기의 영혼을 닦아나가는 방법을 설명하고 있는 것입니다.

그 옆을 보면 석가탑이 있습니다. 석가탑은 각이 아주 단출하고 단순합니다. 우리가 위로 올라갈 때는 굉장히 힘든데, 내려올 때는 다소 쉽습니다. 그래서 밑에서 위로 올라가는 길은 아주 복잡한데, 위에서 밑으로 내려가는 길은 아주 단순합니다. 또 다보탑은 올라가는 계단이 있는데, 석가탑은 계단이 없습니다. 그것은 다보탑이 올라가는 것을 상징하고, 석가탑은 내려오는 것을 상징하는 것입니다. 이렇게 볼 때, 밑에서 위로 올라가는 것이 다보탑이라면 석가탑은 위에서 밑으로 내려오는 것입니다. 그래서 이 두 탑을 통해서 하늘과 땅의 기운을 돌려주는 것입니다. 그런데 석가탑 위에 보주 같은 것을 만들어 놓앉기에 내가 거기에 있는 스님에게 물어보았습니다. "저기 석가탑에 원래 보주가 있었습니까?" 하고 물어보니, 다보탑에는 있는데, 석가탑에는 없기에 소실된 거라고 생각해서 만들어서 올렸다는 것입니다. 그건 잘못된 것입니다. 위에서 내려오는 데는 보주가 필요하지 않았던 것입니다. 본래부터 없었던 것을 지금 사람들이 올바른 해석을 못하기 때문에 그런 실수를 한 것입니다. 세상 모든 사물을 대하는 바른 이해가 없기 때문에 이런 실수를 하는 것입니다. 우리는 어떤 상황에서라도 올바른 해석을 해야 합니다. 올바르게 해석을 못하니 의미를 못 찾는 것입니다. 의미를 못 찾으니 가치가 없고, 가치가 없으니 버리고 마는 것입니다.

## 모든 사물에 신성이 깃들여져 있다는 것을 알아야 한다

어떻게 하면 우리가 살고 있는 이 터전을 바르게 이해하고 쓸 수 있을까요? 나는 모든 사물에 우주적 본성인 신성(神性)이 깃들여져 있다는 것을 가르쳐 주어야 한다고 생각합니다. 우주만물이 어떻게 시작되었는지 그 근원부터 밝혀줘야 합니다. 우리는 알이 수정되어 성체가 되는 과정을 통해서 이것을 설명 할 수 있습니다. 알은 하나의 단세포인데 이 단세포가 2배엽, 4배엽, 8배엽, 상실배(桑實胚)로 분화합니다. 우리 인체는 약 100조 개의 세포로 이루어져 있습니다. 처음에는 각각의 세포가 모두 독립되어 있고, 완벽한 구조를 가지고 있으면서도 어느 시기가 되면 한 쪽으로 몰려 기관이 되면서 인체를 형성합니다. 자유롭게 떠돌아다니던 세포가 어떤 조직 속에 들어감으로써 자유롭게 움직이지 못하게 되는 것입니다. 말하자면 길들여졌다고 할 수 있습니다. 우리가 하나에서부터 비롯되었다면, 그리고 그 하나가 이 우주를 만들었다면 우리의 본질은 하나인 것입니다. 하나의 알이 자기 분화를 하듯이 자기 분화를 해야 합니다. 자기 분화를 하는데 똑같은 정보를 나누어 가지지 않고서는 자기 분화를 할 수가 없습니다. 그러니까 우리 세포 하나하나에도 우리를 만들 수 있는 모든 요소가 다 들어 있는 것입니다. 그것이 어떤 것은 손톱도 되고 발톱도 되고 눈도 됩니다. 그렇다면 처음 알의 정보나 지금의 내 정보나 똑같이 다 나누어 가지고 있는 것입니다. 그렇다면 지금 우주만물의 속에는 하나님의 정보가 다 내재되어 있는 것입니다. 우리 속에 그 기운이 계속 누적되어 왔기 때문에 온 우주를 이해할 수 있습니다. 결국 근원을 알려면 처음에 어떻게 생성되었는가 하는 것을 알지 않으면 안 됩니다. 이 우주가 균형 잡힌 상태에서 균형이 깨지는 상태로 가고 있을까요? 아니면 불균형의 상태에서 계속 균형을 잡아가는 상태로 가고 있을까요? 나는, 처음에는 아주 질서 정연하고 단정한 데서부터 균형이 깨어지면서 온갖 변화가 생기기 시작한 것이라고 생각합니다.

 나는 이러한 우주의 근본 도리를 세상 사람들에게 전해서 각자 우주 도리를 깨달아 氣를 자유자재로 쓸 수 있기를 소망하면서 공부지도를 하고 있습니다. 장시간 제 얘기를 들어줘서 감사합니다

# 9

현생에서의
육도윤회
(六度輪廻)

우리는 우주만물과 이어져 있는 궁극의 자아를 발견해야 합니다. 우리 인간이 참된 도리에 따라 살고, 진리를 깨우치는 삶을 살기 위해서 노력해야 합니다.

..........

일 시 : 1991년 7월 21일
장 소 : 대구시 황실관광호텔
배 경 : 황실관광호텔에서의 제4차 대중법회에서 주신 말씀

    한 인간이 구성될 때 자기가 관리할 수 있는 범위가 있고, 관리할 수 없는 범위가 있습니다. 자기가 관리할 수 없는 범위를 '선천운(先天運)'이라 하고, 자기가 관리할 수 있는 범위를 '후천운(後天運)'이라 합니다.

    흔히 불교에서는 육도윤회를 한다고 합니다. 지옥, 아귀, 축생, 인간, 아수라, 천상 등 여섯 단계를 거쳐서 거듭 태어난다고 합니다. 그 말을 들었을 때 나는 참 이해하기 어려웠습니다. '정말 육도윤회를 하는 것인가? 우리가 좀 더 쉽게 이해할 수 있는 방법이 없을까?', '그렇다면 우리가 이 세상에 태어나서 죽을 때까지를 몇 단계로 나누어 보자. 우리가 존재하는 데는 큰 맥들이 있으니 그 맥을 6단계로 나누어 보자.'라고 생각해서 다음과 같이 정리해보았습니다.

# 선천운

## 첫 번째, 잉태하는 순간

우리가 이 세상에서 살아가는 큰 맥들 중에서 제일 처음은 잉태하는 순간입니다. 바로 어머니의 몸에 수태(受胎)되는 순간입니다. 그런데 만약에 부부싸움을 해서 남편을 원망하고 미워하는 상태에서 수태되었다면 원망하고 미워하는 그 기운이 같이 흡수되어 들어가게 됩니다. 또 뇌성벽력이 치고, 천둥과 비바람이 휘몰아치는 순간에 수태가 되었다면 그런 기운 역시 가지고 들어가게 됩니다. 이렇게 수태되는 순간의 환경이 자기를 결정짓는 아주 중요한 동기가 됩니다.

## 두 번째, 세상에 태어날 때

두 번째는 모체로부터 이 세상으로 나올 때입니다. 그때에 기운이 혼란하다면 어떨까요? 사업을 실패하고 부부가 헤어지고, 부모자식 간에 싸움이 벌어져서 혼란할 때 태어난다면 어떨까요? 그런 기운 역시 흡수되어 들어가게 됩니다. 모든 존재하는 것은 당기는 힘 즉, 흡인력을 가지고 있습니다. 실제로 눈에 보이는 물체끼리 당기고 있는 것은 우리가 이해하기 쉽습니다. 그러나 물질이 아니더라도 근본적으로 당기고 있는 힘이 있기 때문에 그런 순간의 기운을 끌어당기는 것입니다. 그래서 수태되는 순간과 이 세상으로 나오는 순간은 선천운에 해당이 됩니다. 이런 선천운을 잘 맞이하기 위해서 옛 사람들은 부부간의 잠자리도 택일(擇日)해서 했습니다. 술을 과하게 먹거나 싸움을 하고 난 후에 화해하기 위해서 잠자리를 하는 것이 아니라, 이 세상으로 나오는 첫 길부터 바르게 가다듬어 줘야 올바른 기운을 갖고 나오게 됩니다. 그 다음에, 이 세상에 태어날 때에 세상이 혼란한 상태라면 그런 기운도 흡수해서 태어나게 됩니다. 그게 꼭 도자기를 굽는 것과 같습니다. 도자기는 굽기 위해서 가마에 넣을 때와 구운 다음에 꺼낼 때가 중요합니다. 꺼내는 날 비가 오고 추우면 좋은 작품이 잘 안 나옵니다. 또 부부간에 큰 싸움을 하고 나와서 가마에서 도자기를 끄집어내면 어지간한 것은 거의 다 박살납니다. 자기의 마음이 혼란스럽고 화가 나서 이글이글 불타고 있을 때에 그 작품을 보면 아름다움을 찾아낼 수가 없습니다. 그런데 기분이 좋아서 부부간에 아주 정다운 얘기를 나누고 포옹도 하고 나서, "오늘 당신의 작품을 보는 날이에요." 하고 희망적인 얘기를 하고 나왔을 때는 작품을 하나하나 끄집어내서 깊이 감상하게 됩니다. 그럴 때는 그 작품 속에 묻혀 있는 아름다움을 발견해 낼 수 있게 됩니다.

## 후천운

### 세 번째, 사춘기를 맞이할 때

태어나서 일정 기간 동안은 자기 의지대로 살아가지 못하고 부모의 보살핌을 받으며 살아갑니다. 그러는 사이에 내면에 숨겨져 있던 자기가 성장해 나오게 됩니다. 봄이 되면 바싹 마른 나무 속에서 생명이 숨겨져 있다가 나와서 잎이 나고 꽃이 피는 것처럼 우리 내면에 숨겨져 있던 또 하나의 자기가 성장해 나옵니다. 그때가 바로 사춘기입니다. 사춘기 전까지는 어른의 말을 잘 듣고 하라는 대로 잘 하다가 그때가 되면 비판하고 반발하게 됩니다. 그때가 되면 대상을 바라보는 시각이 완전히 달라지게 됩니다. 그때에 또 하나의 자기가 태어나는데, 그때가 아주 중요한 시기입니다. 그때에 어떤 사람들을 보고 자라는가 하는 것이 그에게 아주 큰 영향을 줍니다. 만약에 이때 아버지가 매일 술을 먹고 와서 살림살이를 부수고, 엄마를 구타하는 그런 속에서 사춘기를 맞이하면 아주 반항적인 기질을 갖게 됩니다. 또 그때 깡패, 소매치기 이런 친구들과 사귀면 자기도 모르는 사이에 그런 기운을 갖게 됩니다. 아주 깊이 그런 기운이 묻혀 들어가게 됩니다. 그래서 사춘기를 맞이할 때 환경을 어떻게 만들어 주느냐 하는 것은 대단히 중요합니다. 그렇기 때문에 어른들은 세심하게 살펴서 좋은 환경을 만들어주어야 합니다. 사춘기를 맞이할 때, 웃어른들과 형제들이 서로 반목하고 질시하고 미워하고 싸우면 그 밑에 자라나는 사촌들이 서로 적이 됩니다. 부모끼리 미워했으니까 사촌끼리도 서로 미워하게 됩니다. 어른들이 형제간에 우애롭게 서로 돕는 모습을 보여주면 나중에 사촌들 간에도 서로 돕고 서로 어려운 일이 있으면 협조하면서 살아갑니다. 우리 다음 대 후손들이 나쁜 바탕을 만들어간다는 것은 그 윗대에 책임이 있는 것입니다. 그런 사춘기를 지나고 나면 그때부터는 어른들이 좌우할 수 없게 됩니다.

### 네 번째, 결혼 할 때

사춘기가 지나고 나면 그 다음에는 결혼을 합니다. 결혼을 하게 되면 많은 변화가 생깁니다. 붉은 물과 푸른 물을 섞으면 보랏빛 물이 되듯이 결혼을 하면 묘하게도 지금까지의 자기가 아니게 됩니다. 그렇게 부모한테 효자소리 듣고 효성스럽던 아들이 결혼하고 나더니 불효하기 시작합니다. 이럴 때 흔히 '들어온 사람이 잘못 들어와서 그렇다'라고 애기합니다. 또 어떤 경우에는 그와 반대로 총각 때 바람둥이고 말썽꾼이던 사람이 결혼을 하고 나더니 마음을 잡아서 아주 성실한 사람이 되기도 합니다. 결혼을 통해 두 기운을 합해진 결과, 앞의 경우는 아주 나쁘게 바뀐 것이고, 뒤의 경우는 더 좋게 바뀐 것입니다. 합금을 할 때, 어떤 것끼리는 합하면 더 좋은 것이 되고, 어떤 것끼리는 합하면 질이 떨어지듯이, 자기 상대를 만날 때 잘 골라야 합니다. 그러려면 상대를 판단할 수 있는 기준이 있어야 합니다. 상대를 판단하는 정확한 기준이 없으면 제 눈에는 굉장히 좋게 보이는데 그 사람보다 지혜로운 사람이 볼 때는 아닌 것입니다. 그런데 대부분은 자기 기준에 맞춥니다. 어떤 한사람이 다른 친구한테 욕을 먹고 뺨을 맞고 있는데, 뺨을 맞으면서도 싱글싱글 웃습니다. 이때 싸움을 좋아하고 깡패 짓을 하던 사람이 옆에서 보면 '저 놈 저거 바보다. 저러면 뺨을 때리고 두발차기에 헤딩이 들어가야 하는데'라고 생각합니다. 그런데 공부도 아주 열심히 하고 착실한 사람이 누가 뭐 별 애기도 안 했는데, 가다가 아래위로 훑어봤다고 "야! 이 자식아, 뭘 훑어봐"라고 칼을 꺼내들고 마구 설치면 '아, 어떻게 저럴 수 있나? 저 놈 저거 아주 못 된

놈이다'라고 생각합니다. 그것과 같이 자기가 상대를 판단하는 기준은 자기가 이때까지 쌓아온 가치관에 의해 정해집니다. 그렇기 때문에 자기가 좋은 상대를 만나고 싶어도 그 동안 쌓아놓은 바탕이 없으면 좋은 상대를 만나도 제대로 구분해내지 못합니다. 그러면 어른들은 무엇을 해줘야 하느냐 하면 올바른 가치관을 지닐 수 있는 기준을 만들어줘야 합니다. 이 세상을 생각하는 기준, 우주를 생각하는 기준, 사람간의 관계를 생각하는 기준, 부모와 자식의 관계를 생각하는 기준, 형제들 간의 관계를 생각하는 기준을 바르게 잡아줘야 합니다. 그것이 교육입니다. 교육은 학교에서만 하는 것이 아닙니다. 집에서도 그런 교육을 해줘야 자기가 상대를 만날 때 보는 기준이 똑바로 서서 좋은 상대를 만날 수 있습니다. 그 기준이 올바로 안 서 있는 사람은 도저히 어울리지 않을 것 같은 상대를 데려와서 결혼을 하겠다고 합니다. 뭘 봐도 조건이 안 되는데 결혼을 하겠다고 합니다. 자기 눈에는 꽃으로 보이니까 결혼을 안 시켜준다고 약을 먹고 죽느니 사느니 성질을 부립니다. 그런 경우를 흔히 볼 수 있는데, 그것은 자식과 잦은 대화를 통해서 가치기준을 올바르게 해줬다면, 부모하고 그렇게 다투지 않고 하는 얘기가 아주 잘 통합니다. "아버지, 제가 이런 사람을 이렇게 보고 있습니다. 그래서 그 사람과 결혼하려고 합니다." "아, 그러냐. 너는 그렇게 보는구나. 내가 보는 것은 이렇다" "아, 그거는 이렇게 이렇고..." 아주 쉽게 풀려나갑니다. 그렇기 때문에 우리는 자라는 자식과 대화를 단절하면 안 됩니다. 대화를 깊이 해나가야 합니다. 그런데 대화를 하는 것이 참 어렵습니다. 현대생활이 너무도 복잡해서 대화 시간을 갖기 어렵습니다. 새벽같이 나가는 사람이 있는가 하면 밤늦게야 들어오는 사람도 있습니다. 이러니까 가족이 만나서 대화를 할 기회가 거의 없습니다. 대화를 하자고 따로 불러서 해도 잘 안됩니다. 그래서 이런 방법을 생각하게 됩니다. 가장 쉬운 방법은 식사하는 자리입니다. 그래서 식사하는 시간을 통일합니다. 각 가정에서 밥 먹는 시간을 통일해서 그 때만큼은 온 가족이 모여 앉아서, '반찬이 어떠니 저떠니' 그런 얘기 말고, 주제를 하나 내서 "나는 이 문제를 이렇게 생각한다. 너는 어떻게 생각하느냐?" 그렇게 토론을 합니다. 그렇게 꾸준히 토론해 나가면 부모 형제간에 안 통할 리가 없습니다. 밥 먹는 시간이 아니고는 서로 통할 시간이 없습니다. 그 시간을 활용해야 나중에 서로 갈등하고 이해를 못해서 "너와는 정말 안 통한다." 이런 말을 안 하게 됩니다.

## 다섯 째, 인생 중 큰 실패나 성공을 경험했을 때

　다섯 번째 과정은 자기 인생 중에서 커다란 실패나 커다란 성공을 경험했을 때입니다. 이때 자기 변화의 계기가 됩니다. 큰 성공을 거두었을 때도 자기 인생에 커다란 변화가 일어납니다. 자기 인생을 새롭게 할 수 있는 계기가 성공이라는 형태로 나타날 수도 있고, 실패라는 형태로 나타날 수도 있습니다. 그런데 실패를 했을 때 역시 새롭게 태어날 수 있는 좋은 기회가 됩니다. 어떤 사람이 사업을 하다가 실패를 했을 때, '아! 다 무너졌다. 내가 이루어 놓은 것은 다 무너지고 아무

것도 없다'라고 생각합니다. 이제 더 이상 자기를 지탱해줄 수 있는 것이 아무것도 없다고 생각하며 갈등하게 됩니다. 이 세상 사람들이 자기를 얕보는 것같이 느낍니다. 자기와 가까웠던 사람들도 자기를 얕보는 것 같이 느낍니다. 심지어 사실은 그렇지 않은데 자기 자식도 자기를 무시하는 것 같이 느껴집니다. 그러면 점점 외롭고 슬퍼집니다. 그러다가 우울증에 걸리고 자칫하면 자살하게 됩니다. 진짜 새롭게 태어날 수 있는 계기를 맞이했으면서도 오히려 자신의 생명을 끊는 어리석음을 범하기도 합니다. 그때 자기 자신을 잘 생각해봐야 합니다. 자기가 정말 새롭게 태어날 수 있는, 다시 한 번 성공 또는 실패라는 자궁을 통해 새롭게 태어나는 계기를 맞는 것입니다. 실패라고 반드시 나쁜 건 아닙니다. 성공이라고 반드시 좋은 것도 아닙니다. 오르막이 있으면 내리막이 있듯이 성공 다음에는 실패가 이어지고, 내리막이 있으면 오르막이 있듯이 실패 다음에는 성공이 이어집니다. 실패를 했는데, 자기 자신의 삶에서 성공으로 이어지는 것이 아니라 자식 대에 가서 성공으로 이어질 수도 있습니다. 그렇게 이어져서 움직이는 그 도리를 알게 되면 결코 불안하거나 괴롭지 않습니다.

　이런 생각을 해 봅니다. 사람들은 '어떻게 하면 고통으로부터 벗어날 수 있을까?'라고 생각합니다. 고통으로부터 벗어나는 간단한 법칙이 있습니다. 외롭고 쓸쓸하고 고통스럽고 좌절하고 슬퍼했던 과거로부터 내가 끊어지고, 불안하고 초조하고 무섭고 두려운 미래로부터 현재의 내가 끊어지면 현재의 나는 고통스럽지 않습니다. 현재로부터 고통스러웠던 과거와 불안하고 두려운 미래가 끊어지면 나는 고통스럽지 않습니다. 또 어떻게 하면 지금의 평안과 지금의 즐거움을 계속 유지할 수 있을까? 유지할 수 있는 방법이 있습니다. '과거의 아름답고 즐거웠고 행복했던 기억이 자기에게 이어져 있고, 또 희망차고 활기차게 일할 수 있는 미래가 자기한테 연결되어 있다.'라고 생각하면 현재가 불안하고 초조하고 괴롭고 답답하고 고통스럽지 않습니다. 우리는 자기한테 어떤 미래와 어떤 과거를 연결할 것인가, 그리고 어떤 과거와 어떤 미래를 나로부터 떼어낼 것인가를 잘 구분해서, 떼어낼 것은 떼어내고 이을 것을 이으면, 고통으로부터 벗어날 수도 있고 즐거움과 평화를 유지할 수 있습니다. 이렇게 우리는 실패를 했거나 성공을 했을 때, 그때 다시 한 번 크게 태어나는 것입니다. 그러니 불안해하지 말자는 것입니다. 왜? 그것이 다음 과정으로 이어지는 것을 알면 절대로 불안해 할 필요가 없기 때문입니다. 심지어는 죽음까지도 죽음 이후에 다른 형태의 삶으로 이어진다는, '나는 이승의 이런 형태의 삶을 살다가 다른 형태의 삶으로 저승의 삶을 산다.'라는 것을 확실하게 이해하고 받아들일 수 있게 됩니다. 그것처럼 우리는 다음에 무엇이 이어질지 모르기 때문에 불안해하는 것입니다.

오늘날 현대인들이 굉장히 불안한 삶을 살고 있습니다. 그래서 대단히 불안해합니다. 무엇을 불안해하는가. 어떤 시대가 되고 지금 어떻기 때문에 불안해하는가. 사실 어떤 시대가 될 것이라고 하는 것 때문에 불안해하는 것이 아닙니다. '오늘 나는 이걸 이렇게 생각했는데, 다음에 보니 확 변해 있다. 내가 잘 다루었던 것도 다음 제품이 나올 때는 다룰 수 없게 되어서 나온다.' 이렇게 급변하고 있습니다. 변한다는 그 결과를 불안해합니다. 어떤 미래가 된다는 것이 확실하면 거기에 대비할 수 있습니다. 우리는 대비할 수 없을 때 불안해합니다. 그러니까 모든 것이 서로 이어져 있다는 것을 알아야 합니다. 바다에 섬들이 있는데 바닷물이 빠지고 나면 전부 이어져서 산이 되는 것을 알게 됩니다. 그것처럼 전부 이어져 있다는 것을 알면 불안하지 않습니다.

사람들에게는 현재로부터 과거와 미래가 다 끊어지고 없다는 불안감이 있습니다. 나는 내 과거와 이어져 있습니다. 앞으로의 미래와도 이어집니다. 현재는 과거와 미래로 이어져 있습니다. 어떤 것을 붙이고 어떤 것을 떼느냐에 따라 평화롭고 행복할 수도 있고, 불안하고 고통스러울 수도 있습니다. 이것이 다섯 번째의 탄생입니다. 실패, 그것은 두려운 것이 아닙니다. 오히려 새롭게 자기에게 커다란 성공을 안겨줄 수도 있습니다. 그러니 절대로 두려워하지 마십시오. 또한 성공했다고 자만하지 않아야 합니다. 그 성공 뒤에 어떤 실패가 기다리고 있는지 모릅니다. 그렇기 때문에 성공했다고 교만하지 말고 실패했다고 좌절하지 않아야 합니다.

## 여섯째, 시각의 방향을 안으로 향할 때

이제 여섯 번째로 마지막 탄생을 해야 하는데, 그때 어떤 방향으로 눈을 돌려야 할까요? 자기는 이제까지 물질세계에 집착하고, 형태가 있는 것에 집착해 왔습니다. 또 시각을 외부로만 향해왔습니다. 어떤 사람은 비판하기를 좋아해서, "저 사람은 뭐가 나빠서 안 돼.", 또

"저 사람은 이러이러한 점이 나빠.", "저건 어때" 이러면서 남의 말을 합니다. 주위 사람들을 여지없이 공격하고 나쁜 점을 전부 들추어냅니다. 이것은 자기의 시각이 밖으로만 향해 있다는 것을 말해주는 것입니다. 이런 시각을 이제 자기 안쪽으로 돌려 볼 수 있어야 합니다. 이 때 자기한테 커다란 변화가 옵니다. 내가 누군가에게 "너는 이게 나쁘다."라고 하려고 하다보니까 자기한테도 그런 점이 있다는 것을 알면 손가락을 바깥으로 향하려다가 자기한테로 되돌리게 됩니다. '내가 그에게 손가락질 했을 때 그 사람이 얼마나 괴로웠을까. 얼마나 슬퍼하고 고통스러워하고 눈물을 흘리고 아파했을까. 미안하다.' '아! 내가 내 형제에게, 아내에게, 또 내 남편에게 부모에게 얼마나 가슴 아프게 했을까. 아! 이걸 안 풀고 가면 안 되겠다.' 한 맺힌 영혼이 되어 자기 아내를 한평생 괴롭히고서도 괴로운 줄 모르고 살아왔는데, 눈을 떠보니 괴로운 것입니다. '이 한을 안 풀어주면 그 한으로 인해 나중에 죽어서 떠도는 영혼이 되겠구나. 이 한을 풀어 줘야겠다.', '이걸 어떻게 하면 풀어줄 수 있을까?'라고 생각하게 됩니다. "너는 내가 하는 거에 간섭하지 마. 우리 잊으면 될 거 아니냐. 날 포기해" 그런다고 될까요? 안 됩니다. 그때에 진실로 뉘우치고, "내가 당신을 가슴 아프게 했구나. 정말 미안하다. 인생이 얼마 안 남았지만 남은 인생만이라도 당신한테 봉사하겠다. 당신이 원하는 게 뭐냐? 당신이 원하는 것 모두 들어주마. 내가 할 수 있는 데까지 다 들어주마." 이렇게 풀어내야 합니다. 사람의 마음이라는 것이 참 희한합니다. 60년간 잘못을 저질렀는데도 말 한마디에 얼음 녹듯이 다 풀려버립니다. 한평생 가슴에 응어리가 맺히게 했는데, 한 번의 따뜻한 포옹에 눈 녹듯이 다 풀어집니다. 그런데 왜 못 풀어 주겠습니까. 끝까지 자기가 잘했다고 해서 응어리지게 하면 안 됩니다. 우리가 죽으면 영혼이 몸에서 빠져나가야 하는데, 응어리가 군데군데 맺혀 있으면 잘 빠져나가지지 못합니다. 매미가 번데기에서 나와 탈피를 합니다. 그때 살이 붙어있으면 안 빠져 나옵니다. 그래서 빠져나오려고 당기다가 못 빼면 결국 그 껍데기에 붙어서 죽습니다. 그것처럼 우리의 순화되지 못한 영혼은 모든 것에 집착하고 있습니다. 내 마음의 얼에 자식에 대한 애착, 남편에 대한 애착, 재물에 대한 애착, 온갖 애착이 군데군데 붙어서 응어리져 있습니다. 그러면 빠져나가야 하는데 붙들려서 못 빠져나옵니다. <전설의 고향>에서 보면 죽고 나니 저승사자가 와서 빨리 가자고 끌어내는데, 안 빠지니까 "조금만 기다려 주십시오. 내가 묻어놓은 재산이 있는데 그걸 정리하고, 자식이 사업을 하고 있는데 그것까지는 내가 좀 밀어주어야 하고, 내 남편도 어떻게 하고... 그러니 저승사자님, 조금만 기다려 주십시오."라고 사정합니다. 그러면 저승사자가 "어림도 없다. 안 된다."라고 하면서 끌어내서 잡아 갑니다. 그렇게 억지로 빠져나가다가 다리가 떨어져 버리든지 팔이 떨어져버리든지 합니다. 그래서 불구 영혼이 되어버리는 것입니다. 그러니 이 세상에 살고 있는 동안에 한이 맺히지 않게 해야 합니다. 그 한을 풀어줘야 합니다. 다른 사람에게 한을 맺히게 한 사람이 손가락을 밖으로 향하면 한을 하나도 못 풀어낼 뿐 아니라 오히려 한이 맺히게 합니다. 이 손가락을 자기 쪽으로, 시각을 자기 쪽으로 돌려야 합니다. '아! 내가 남에게 때 묻었다고 했더니, 그런 때가 나한테는 없나? 어! 있다. 아! 참 미안하게 됐구나.', '나 때문에 묻은 상대의 때를 씻어줘야겠다.' 그렇게 해서 여섯 번째로 아주 중요한 마지막 기회를 맞이하게 됩니다. 이제 저 세상에 가서 태어나야 하는 준비 단계로 한 번 더 태어나는데, 자기 시각을 밖으로 보느냐 안으로 보느냐, 남을 비판하는 삶을 사느냐 자기를 비판하는 삶을 사느냐에 따라서 크게 달라집니다. 그렇게 해서 여섯 번을 거듭 태어나게 됩니다.

이렇게 여섯 단계를 거쳐서 태어나니까 불교에서는 '육도윤회(六道輪回)'라고 하는 것입니다. 지금까지 우리는 이 과정에서 벌써 많은 단계를 거쳐 버렸습니다. 이 세상에 태어났으면 처음의 선천운 두개는 이미 거친 상태입니다. 앞으로 자기에게 남은 단계들을 잘 써서 정말로 훌륭하게 다시 태어나게 합시다.


그리고 '이어짐'

우리는 스스로 반성하고 잘 가다듬는 삶을 살도록 해야 합니다. 지금 얘기하는 것은 이 세상 삶이 이후의 삶으로 이어져 있다는 것을 전제한 것입니다. 과거 그리고 현재가 앞으로의 미래로 이어져 있습니다. 실패를 했더라도 지금의 이 실패가 계속 실패로만 가는 것이 아니라 자식 대에, 자식 대가 아니면 손자의 대에 성공으로 이어져 나타날 수 있게 이어져 있다는 것을 전제로 해야 합니다. 이어졌다는 것을 전제로 하지 않았을 때는 불안합니다. 이어져 있는지 아닌지를 어떻게 알 수 있을까요? 멀리 가 있는 자식이 병들어 누워있다든지 사고를 당했을 때 부모의 꿈자리가 어지럽고 공연히 불안해집니다. 그래서 혹시나 싶어 타향에 가 있는 자식한테 무슨 사고가 있는지 전화를 해보니까 자식이 끙끙 앓고 있습니다. 무엇이 연결되어 있는 걸까요? 무언가가 연결되어 있어야 느껴지는 것입니다. 사람과 사람 사이에서만 느끼는 것이 아닙니다. 난초를 키우는 사람이 난초를 비를 좀 맞히려고 내놨는데 깜빡 잊어버리고 회사에 출근을 했습니다. 회사에 가서 일을 하다보니까 '아, 난초!' 하고 생각이 납니다. 왜 생각이 났을까요? 난초와 난초를 키우는 사람이 서로 氣로 이어져 있기 때문입니다. 심지어 인간은 북극성하고도 이어져 있고, 태양과도 이어져 있고, 달, 귀뚜라미, 이슬, 안개와도 다 이어져 있습니다. 물질로 된 몸만 내가 아니라 우주만물이 모두 나와 氣로 이어져 있습니다. 나는 여러분 속에도 있고, 또 바람 속에도 있고, 떨어지는 낙엽 속에도 있습니다. 우리는 우주만물과 이어져 있는 궁극의 자아를 발견해야 합니다. 그래서 참된 도리에 따라 살고, 진리를 깨우치는 삶을 살기 위해 부단히 노력해야 합니다.

# 10

우주시대에는
우주O으로

영적 진화야말로 현생인류의 가장 큰 과제라 할 수 있습니다. 생명체가 물속에서 살 때는 아가미로 숨을 쉬지만, 육지로 올라오게 되면 허파로 호흡하면서 공기 중에 있는 산소를 받아들이게 됩니다. 그것처럼 우리는 이제 육체도 영체도 근본적으로 완전히 바뀌어야 합니다

..........
일 시 : 1991년 6월 9일
장 소 : 광주수련원
배 경 : 광주, 전주지역 '사무처리좌 지정' 시 주신 말씀

    우리는 지금 급변하는 시대에 살고 있습니다. 옛날에는 할아버지가 타던 배를 아버지가 타고, 아버지가 탔던 배를 아들이 물려받아서 타고, 또 그 아들이 손자에게 물려 줄 수가 있었습니다. 이처럼 과거에는 변화의 폭이 아주 느렸습니다. 그런데 지금은 아버지의 가업을 이어받을 수 없을 만큼 시대가 급변하고 있습니다. 아버지 시대에 맞았던 것이 아들의 시대에는 맞지 않고, 또 아들의 시대에 적당했던 것이 그 아들의 시대에는 더더욱 맞지 않는 급변하는 시대에 살고 있습니다. 변화라는 것은 시작할 때는 매우 느리고 여리게 시작하지만 시간이 지날수록 점점 빨라지고 조밀해집니다. 그런데 지금 우리는 과연 우리가 변화하고 있는 것인지, 재창조되고 있는 것인지 모를 정도로 급격한 변화를 겪고 있습니다.
    우리 주변에는 대학교육까지 받고서도 취직을 하기 위해 다른 것을 배우러 다니는 사람들이 많습니다. 그것은 학창시절에 자신이 미래에

만나게 될 어떠한 것을 배운 것이 아니라 죽어버린 과거의 지식을 배웠기 때문입니다. 우리가 접할 미래 세계는 이제까지와는 전혀 다르게 접해야 합니다. 현재의 교육도 미래를 준비하는 교육이 아니라 과거의 지식을 교육하고 있습니다. 교육 중에서 가장 강조되고 있는 것이 '도덕 교육'일 것입니다. 도덕이나 가치관에 대한 현재의 교육은 기성세대가 가지고 있는 가치관 속으로 젊은이들을 유혹하든지, 위협하여 밀어 넣는 교육을 하고 있습니다. 그 까닭은 지난 과거에 해 본 여러 가지 가운데 이것이야말로 합당한 것이라고 자부할 만한 것이 없었기 때문입니다. 그래서 앞서 있는 사람들은 끊임없이 새로운 것을 시도하고 있습니다. 심지어는 인간관계, 가족관계, 부부관계에까지 새로운 시도를 하면서 우리 인간이 미래에 적응할 수 있는 것을 찾아내려고 애를 쓰고 있는 상황입니다. 그러므로 학교에서 도덕 교육을 강조하는 것은, 어떤 면으로는 기성세대의 가치관 속으로 억지로 밀어 넣어 새로운 시도를 막는 것이라는 생각이 듭니다.

요즘 초등학생에게 영어회화를 가르치는 것에 대해 생각해 봅시다. 지금 영어회화 교육에 투자하는 그 교육이 그 아이들한테 정말 필요한 교육이라 할 수 있을까요? 그 아이들이 기성인이 되어 해외를 누비고 다닐 때쯤이면, 아마 그 시대에는 조그마한 계산기와 수첩 같이 작은 통역기를 가지고 세계 각지를 자유롭게 여행 할 것입니다. 또한, 부모 자식 간의 관계에 대해서도 중요하다고 가르치고 있습니다. 그러나 유전공학이 발달하면서 부모와 자식 간의 관계를 전혀 새롭게 정립해야 하는 시대가 다가오고 있습니다. 인공 자궁이 만들어지고 그것이 점점 보편화되어, 여자들은 직접 아이를 낳지 않으려고 하는 그런 시대가 오고 있습니다. 그것은 지금 우리가 피부로 느끼기에 아주 먼 훗날의 이야기 같지만, 변화의 속도로 보면 아주 급박하게 다가오고 있습니다. 곧 현실로 우리 눈앞에 다가오게 될 것입니다.

미래에도 우리가 이 지구상에서 계속해서 살 수 있을까요? 여러 가지 문제로 볼 때 결코 쉽지 않아 보입니다. 그렇다면 다른 어떤 별을 개척해야 합니다. 지금 인류는 우주 외계로 인공위성을 날리고 우주선을 보내고 있습니다. 만약에 우리 인간이 살 수 있는 어떤 별들을 발견했다고 가정해 봅시다. 컬럼비아호 같이 한 번 쓰고 버리는 것이 아니라 왕복선을 개발했다고 가정해 봅시다. 지금 우리 지구상에서는 하루에 60만 명 이상이 태어나고 있습니다. 하루에 태어난 인구를 실어 나르는 데는 천 년에 해당하는 미국 예산이 든다고 합니다. 미국 예산은 세계 예산의 1/4을 쓰고 있는 나라입니다. 천 년간의 미국 예산이 든다는 것은 그 계획이 불가능하다는 말입니다. 그러나 그 문제는 유전공학이 간단하게 해결해 버릴 것입니다. 인공 자궁이 발달하게 되면 수정란들을 넣은 병 하나만 싣고 가면 별 하나가 정복됩니다. 그러한 시대를 우리가 줄달음질 쳐서 달려가고 있습니다. 어쩌면 앞으로 이 지구상에서 우주인과 지구인이 동시에 공존하게 될 날이 올 지도 모릅니다. 우주 외계에서 온 사람들이 아니라 우주 외계로 향하고 있는 우주인들과, 이 지구상에 머물고 있는 지구인들과는 엄청난 갭이 있게 될 것입니다.

앞으로의 시대는 '글을 읽을 줄 안다. 모른다.'로 '문맹이냐? 아니냐?'가 판정되는 것이 아니라, '새로운 것을 배우는 방법을 알고 있느냐? 모르냐?'에 따라서 문맹과 비문맹이 판정 나게 될 것입니다. 계속해서 새로운 것들이 쏟아져 나오게 됩니다. 앞으로 자라나는 아이들은 컴퓨터를 일상생활에서 아주 간단하게 쓰게 됩니다. 그러면 컴퓨터를 못하는 사람이 문맹인(文盲人)이 됩니다. 그런 시대가 되면 이 지구상에서 사는 같은 인간이면서도 어떤 사람은 우주적인 삶을 살고, 어떤 사람은 지구적인 삶을 사는 엄청난 갭이 생기게 됩니다. 그 변화의 속도가 워낙 빨라서 변화한다고 얘기 할 수 없을 정도입니다. 사회가 변화해 가는 것 역시 변화한다는 말을 쓰기가 거북할 정도입니다. 지금 사회가 새로운 사회로 재창조되고 있습니다. 인간은 지금 '새로운 제3의 인류로 재창조되고 있다.'라는 표현을 써야 합당할 만큼 우리 인간은 급박한 변화의 문턱에 서 있습니다.

그것을 비유하면 다음과 같습니다. 물에 사는 수생(水生)동물이 한류(寒流)에서 살다가 난류(暖流)를 만난다면 적응하는데 한동안 애를 먹을 것입니다. 그런 정도는 변화라고 말할 수 있습니다. 그러나 물에 살던 생물이 육지로 올라와서 살게 되었다면 변화라는 표현이 적합하지 않습니다. 수생동물에서 육지동물로 재창조되었다고 하는 게 옳습니다. 우리가 지금 처하고 있는 상황은 수생동물이 물에서 뭍으로 올라오는 상황에 있는 것과 같다고 봅니다. 지금 그런 상황에서 우리 인간은 여러 가지 시도들을 하고 있습니다. 그간 인간은 군주정치, 독재정치, 민주주의, 사회주의, 공산주의 등 별별 것들을 다 해보았습니다. 다 해 봤는데 어느 하나도 인간에게 '이것이야말로 인류구원에 확실한 이정표다.'라고 생각되는 것이 없었습니다.

오늘날 자유시장경제를 택해서 해보니까 인간이 너무 교활해서 온갖 부패가 판을 치게 되었습니다. 거기에 편승해서 가는 사람은 성공하고, 그렇지 못한 사람은 실패하고 맙니다. 그렇다고 모두가 고루 생산해서 고루 나누어먹자고 하니까 그 역시 인간의 본성에 맞지 않은 것입니다. 자기가 아홉 개를 가지고 있으면서도 남의 것 하나를 더 뺏어서 열 개 채우고 싶은 본성을 가지고 있기 때문에 그게 안 되는 것입니다. 공산주의는 한번 권력을 잡으면 그가 죽어야 끝이 나게 되어 있습니다. 어떻게 해서 권력을 손에 쥐었는가를 이미 알고 있는 그들은 그 권력을 내려놓으면 어떻게 된다는 것을 알기 때문에 내려놓지 못합니다. 그런 폐단들 때문에 다 무너지고 만 것입니다. 사회주의 국가들 역시 비슷한 이유로 거의 다 몰락하고 말았습니다. 그렇다고 해서 자본주의 국가가 온당한 것은 아닙니다. 어떤 것도 완벽한 것이 없기에 어쩔 수 없이 자본주의를 택하고 있는 것입니다.

그러니까 일각에서는 어떤 생각이 나느냐 하면 '이제 우리 인간이 해볼 방법은 다 해보았다. 그래도 안 되니 하늘에서 누가 내려와서 다스려 주면 좋겠다.' 그래서 구세주가 내려오기를 기다립니다. 그래서 논리의 시대, 과학의 시대인 오늘날에 휘거 된다는 말에 넘어가는 것입니다. 구세주가 하늘에서 내려온다는 그 말에 사람들이 몰려다닙니다. 왜 이렇게 될까요? 지금 우리들은 극도로 방황하고 있습니다. 그것은 아직 우리 인간이 아직 확실한 방법을 찾아내지 못했기 때문입니다. 우리 인간이 여러 가지 시도를 하고 있습니다. 시도한다는 것은 또 하나의 창조이고, 그렇게 시도하게 하는 것은 하나의 사상입니다. 사상은 어디에서 나올까요? 영혼에서 나옵니다. 그런데 문제는 인간의 영혼이 아직 그다지 높은 차원으로 진화되지 못한 상태입니다. 고도의 물질문명을 주도할 만큼 영적 진화를 하지 못한 것이 가장 큰 문제입니다. 따라서 영적 진화야말로 현생인류의 가장 큰 과제라 할 수 있습니다. 생명체가 물속에서 살 때는 아가미로 숨을 쉬지만, 육지로 올라오게 되면 허파로 호흡하면서 공기 중에 있는 산소를 받아들이게 됩니다. 그것처럼 우리는 이제 육체도 영체도 근본적으로 완전히 바뀌어야 합니다.

앞으로 우주시대가 되면, 우리의 영체가 사람영에서 우주영으로 교체가 되어야 합니다. 그렇게 영체가 변화되지 않고, 사람의 생각과 사람의 영에서 나오는 것으로는 어떤 것을 해도 미래에 적응할 수 없습니다. 그래서 이제는 우주로 눈을 돌리고, 우주를 바라보고 우주적 사고를 할 수 있는 우주영으로 진화해야 합니다. 지금까지 인간의 육신은 계속 진화해왔습니다. 그러나 인간의 영체는 아직 육체만큼 진화를 못했습니다. 그렇기 때문에 이 우주에 큰 문제가 생긴 것입니다. 한 은하계가 있으면 그 안에는 천억 개 내지 2천 억 개의 빛나는 별이 있고, 하나의 항성에는 그 주위를 도는 행성이 몇 개씩은 다 있습니다. 태양계에는 수, 금, 지, 화, 목, 토, 천, 해 8개의 행성이 있습니다. 그리고 한 행성에도 그 주위를 도는 위성이 서너 개씩 있습니다. 그래서 하나의 성운 속에 빛나는 항성이 천 억 개가 있고, 항성 하나에 다섯 개씩의 행성을 달고 있다면 5천 억 개가 되고, 빛나는 항성이 2천 억 개가 있다면 1조 개가 됩니다. 그러한 별의 무리들이 밤하늘에 보면 구름처럼 보이는 것입니다. 그런 은하계가 이 우주에는 천억 개 내지 2천 억 개가 있습니다. 거기에 기초해서 생각하면 우리가 살고 있는 이 태양계, 그 태양계에 속한 세 번째 행성인 지구는, 우주라는 거대한 몸체에 비하면 하나의 세포에 해당한다고 할 수 있습니다. 어쩌면 그보다 더 작을지도 모릅니다. 세포속의 미토콘드리아 정도밖에 안 될지도 모릅니다.

만약에 우리 몸에 상처가 나서 그게 검은 딱지가 되든지 종기가 되든지 그것은 별 문제가 안 됩니다. 그러나 암이 생기면 큰 문제가 됩니다. 암은 유기적인 전체 체계의 통제에서 벗어난 것입니다. 얼마만큼 증가하고 더 이상 분열해서는 안 된다고 지시하는 데도 그 지시를 따르지 않고 계속 분열합니다. 이것이 암이 되는 것입니다. 만약에 이 지구 내부에서만 문제가 된다면 별 문제가 아닙니다. 지구 내부에서 생명체가 생겨났다 없어졌다 해도 이 우주 전체로 보면 별 문제가 아니라는 것입니다. 하나의 세포가 딱지로 떨어져 나가고 새로 생기고 하는 정도 밖에 아닙니다. 암이 무서운 것은 임파선을 타고 다른 곳으로 전이(轉移)가 되기 때문입니다. 지금 우리 인간이 영적으로 진화하지 못한 상태에서 우주의 다른 외계로 전파를 하려고 하는 것입니다. 외계로 우주로 나아가려 하는데 옛날처럼 로켓을 타고 가는 것이 아니라 지금은 워프항법을 쓰려고 합니다. 이 우주 공간은 휘어 있습니다. 워프항법은 휘어져 있는 꼭짓점만 연결해서 가는 것입니다. 그렇게 하면 10만 광년, 20만 광년의 거리도 순식간에 갈 수 있게 됩니다.

우주를 주관하는 어떤 절대의지가 있어서, 그 절대의지의 관점에서 이 지구를 본다면 그것은 위험천만입니다. 이 지구상에서 일어나는 문제가 지구 하나의 문제로 그치지 않고 진화되지 못한 영체가 우주 외계로 튀어나갈 작정을 하니까 위험을 느끼게 됩니다. 옛날 성인이나 선지자들이 예언해 놓은 것을 봐도 이 시대를 굉장히 불안하고 어려운 시대로 보고 있습니다. 과학적으로 지금 모든 걸 하나하나 점검해 봐도 지금이 가장 불안하여 거의 위기의 극에 우리가 이르러 있습니다. 곳곳에서 물을 깨끗이 하자, 공해를 방지하자고 하지만 그렇게 말하는 사람은 소수이고 해치는 사람이 다수입니다. 아직까지 못 사는 나라에 가면 공해가 문제가 아니라 당장 먹고 사는 것이 문제입니다. 공해 문제를 얘기하고 있는 나라도 소수의 몇몇 나라에 불과하고, 그 중에서도 제대로 실천하고자 하는 사람은 극소수에 지나지 않습니다. 그렇게 해서 개선한다는 것은 거의 불가능합니다. 그런 캠페인으로 되는 것이 아닙니다. 지금 이런 공해 문제, 에너지 문제, 인구 문제라든지 여러 문제들이 대단히 급박한 상태에까지 이르러 있습니다. 이런 정도의 인간 영체를 가지고 외계로 나아가려 하기 때문에 우주로서는 마치 암이 발병한 것과 같이 큰일이 난 것입니다. 나는 우주의 절대의지가 이 지구를 중심으로 감시하면서 움직이고 있다고 봅니다.

절대의지든 상대의지든 현재과학이든 간에 어떤 시각으로 봐도 이 지구가 극히 위험한 상태에 있다는 것이 틀림없습니다. 옛날 선지자의 얘기뿐만이 아닙니다. 1989년도 유네스코에서 과학자들이 공동으로 발표한 것이 있습니다. 이산화탄소의 농도가 계속해서 높아지면 2030년대에는 세계의 대도시 30개가 바다에 들어간다고 합니다. 언뜻 생각하면 대도시 30개가 물에 잠기는 일은 별 것이 아닌 것 같이 보일 수도 있습니다. 그러나 대도시 30개가 물에 잠긴다는 것은 대부분의 농토가 물에 잠긴다는 말입니다. 지금 현재도 곳곳에서 기아상태에서 수많은 사람들이 굶고 있습니다. 한쪽에선 음식이 남아서 내버리고 있는데, 한쪽에선 굶어죽는 사람이 수억 명에 이릅니다. 이런 불균형이 오늘날 우리의 현실입니다. 또, 한 계절에 한 번씩 기상이변이 와서 세계적으로 술렁술렁하게 됩니다. 우선 인간은 먹고사는 문제가 되면 사람이 아주 극도로 날카로워집니다. 그러면 무슨 일이 일어날지 상상이 안 됩니다. 이 위기의 시대에 어떻게 해야 진실로 우주적 시각을 갖고 이 지구를 바라볼 수 있을까요? 흔히 우주여행을 다녀온 사람들의 강의를 들어서 우주적인 시각을 가지려고 하는데 그것으로는 안 됩니다. 근본 영체를 바꿔야 합니다. 우리가 사람영으로부터 우주영으로 교체가 됨으로써 우주적인 의식을 갖게 됩니다. 그래서 더욱 더 많은 사람들이 우주영으로 교체가 될 때에 지구 안에서만 생각하던 관점을 벗어나서 이 지구를 내려다 볼 수 있게 됩니다. 그것을 위해 지금 우리가 어떻게 해야 할 것인지를 생각해보기 바랍니다.

# 11

큰스승님과
나눈
법(法) 좌담

> 지금 인간이 찾고자 하는 것은 '우주 궁극의 근본 소
> (素)'이며, 그것을 찾는 목적은 영생불사(永生不死)
> 하겠다는 것이고, 영원히 쓸 수 있는 에너지원을 찾
> 으려는 것입니다.
> ..........
> 일 시 : 1992년 12월 21일
> 장 소 : 대구수련원
> 배 경 : 큰스승님께서 시도자 입장에서 기본적인 질문을 주시고,
> 　　　  제자들이 그에 답함.

**큰스승님 :** 공부에 관심 있는 분들이 흔히 물어오는 질문들이 있습니다. 그럴 때 자기가 이해하고 있는 공부를 어떻게 알아듣기 쉽게 설명할 것인가에 대해서 토론을 해보기로 하겠습니다. 자, 지금부터 내가 시도자의 입장에서 여러분에게 질문할 테니 각자 대답해 보기 바랍니다.

(시도자) 선생님이 하시는 공부가 어떤 공부인가요?

안성O : 묻는 사람에 따라 설명이 달라지겠는데요. 예를 들어 연세가 많아 죽음이 가까운 분들에게는 극락에, 천당에 가는 길을 안내해주는 공부라고 말해주고 싶습니다. 이를테면 이를테면 '달성공원에 간다.'라고 할 때에 그곳이 어디에 있다고 정확하게 설명을 듣고 가는 사람은 쉽게 찾아갈 수 있지만 그 설명을 듣지 못한 사람은 헤매게 됩니

다. 그것과 같이 그에 대한 지식이나 정보가 없이는 헤매게 되니까 "살아있는 동안에 좋은 말씀을 듣고 덕을 펴면 좋은 곳에 가실 수 있다."라고 설명해 주겠습니다.

최영O : 사람들이 일상을 즐기기 위해서 산을 찾는 사람도 있고, 종교에 몰두하여 진리를 찾는 사람도 있을 겁니다. 그러나 일상에서도 자기가 믿는 종교생활에서도 만족을 못할 수 있습니다. 그래서 저는 "이 공부는 지금까지 많은 사람들이 영적인 추구를 해 온 내용들을 氣를 통해서 직접 체험하고, 氣를 통해서 자기가 얻고자 하는 바를 구할 수 있게 하고, 영적인 진화를 도모하는 공부입니다. 우리의 삶을 어떻게 생각하고, 어떻게 행동해야 가장 올바른가 하는 것을 찾아가는 공부입니다."라고 설명하겠습니다.

이근O : 제가 이 공부를 하게 된 이유는 인간의 사고나 지식으로서는 온 우주의 움직임을 설명하는 데에 한계가 있다고 보았기 때문입니다. 우리공부는 인간의 사고를 넘어서 운행되는 우주의 본성과 바로 통할 수 있게 합니다. 그래서 지금까지 인류가 이루지 못한 세계를 만나게 할 뿐만 아니라, 인류를 이끌어 가는 바른 길을 제시해 줄 수 있는 사상입니다. 우리가 형상으로 보는 그 너머의 우주적인 운동에 의해서 이 우주가 생성되고, 운행되는 이치를 깨닫기 위해서 이 공부를 한다고 얘기하겠습니다.

김낙○ : 저는 우리공부를 하는 의미를 '배움'에 결부시켜 말씀드리고 싶습니다. "배운다는 것은 우리 속에 내재되어 있는 수많은 가능성 즉, 씨앗, 배아(胚芽)들을 배로 움트게 하고, 그 씨앗이 잘 자라게 만듦으로서 우리 자신이 현재보다 나은 상태가 되기 위한, '참으로 화(化)하기 위한 공부'라고 생각합니다. 그러한 씨앗들을 싹틔우는 데 있어서, 아무 것이나 다 싹틔우는 것이 아니라 솎아내는 과정도 필요하고, 싹이 움트기 위해서는 껍질을 깨는 과정도 필요합니다. 그래서 껍질을 깨는 작업, 가를 치는 작업도 아울러 병행되어야 합니다. 우리는 가를 쳐주시는 큰스승님이 계심으로써 올바른 방향으로 나아갈 수 있는데, 궁극의 스승은 '참 자아'라고 할 수 있습니다. 그 참 자아를 어떤 종교에서는 '하느님'이라고도 하고, 어떤 종교에서는 '공(空)'이라고 하기도 합니다. 그런데 우리가 진정 깨어나야 할 것을 올바로 판단하기 위해서는 바른 잣대가 필요합니다. 우리는 그 바른 잣대를 '○'이라고 하고, 그 ○이 자기 분화해가는 모습을 우리는 '○大맘'이라고 표현합니다. 우리가 하는 이 공부는 현존하는 이 세상에서 근원으로 나아가는 최단거리 공부이며, 가장 효율적인 공부입니다."라고 설명하겠습니다.

이두○ : 저는 주인이 되는 공부라고 설명하겠습니다. 상대가 불교신자이든 기독교신자이든 아주 단순하게 표현해서, 주인이 되는 공부라고 설명하겠습니다.

**서정O :** 먼저 그 사람이 어떤 배경에서 어떤 의도로 묻는가를 생각해야 하겠지만 기본적으로는 가장 근원에서부터 궁극에 이르는, 근원과 궁극을 포괄적으로 설명할 수 있고, 그 근원과 궁극으로의 길을 가장 구체적이고 자세하게, 또한 체계적이고 단계적으로 설명할 수 있는 공부라고 얘기하겠습니다.

**큰스승님 :** 만약에 누가 나에게 "선생님이 하는 그 공부가 어떤 공부입니까?"라고 물어온다면 나는 이렇게 간략하게 설명하고 싶습니다. "이 우주는 펼쳐져 있는 우주가 있고 농축, 조립되어 있는 우주가 있는데, 우리 속에는 농축된 우주가 들어있습니다. 이 농축된 우주를 우리는 '우주천주씨'라고 합니다. 그러한 씨를 어떤 특별한 사람만 가지고 있는 것이 아니라 세상 모든 자가 자기 속에 그 우주천주씨를 지니고 있습니다. 그것을 기독교에서는 기독성(基督性)이라고 하고, 불교에서는 불성(佛性)이라고 하는데, 우리는 우주천주성을 지닌 우주천주씨라고 합니다. 우리가 그 우주천주씨를 온전하게 싹틔우고 꽃피우고 열매 맺으면 우리 스스로가 온전한 '우주천주'가 됩니다. 그래서 우리는 이 공부를 통해서 우리의 '우주천주씨를 싹틔워서 온전한 우주천주가 되려고 합니다."라고 설명할 것입니다.

이렇게 설명하고 나면 분명히 그 뒤에 이런 물음이 나오게 될 것입니다. 예를 들면 "우주천주가 무엇입니까?" 또는 "나는 기독교인인데 내가 믿고 있는 하느님과 무엇이 다릅니까?"라는 질문들이 나올 겁니다. 그러면 계속해서 전개해 보겠습니다.

(시도자) "저는 크리스천이고 하느님의 법에 따라 살려고 하는데, 여기서 얘기하는 우주천주는 어떤 존재입니까?"

안성O : 내 속에 우주천주씨가 내재되어 있으니 내가 우주천주가 될 수 있습니다. 내가 가지고 있는 우주천주씨는, 크게는 이 우주 전체를 말하는 것이고, 작게는 내 자신을 말하는 것이니 우주천주는 이 우주의 주로서 우주를 주재하는 존재입니다.

(시도자) 그러하다면 제가 믿고 있는 하느님도 그와 같은 의미를 갖고 있는데, 굳이 우주천주라는 표현을 쓸 필요가 있습니까?

안성O : 그것은 자기가 믿는 바에 따라서 하느님이든 부처님이든 표현이 달라지는데, 우리 한울사상에서는 그렇게 부릅니다. 우주를 보는 시각은 같지만 표현하는 방법이 다르다고 봅니다.

(시도자) 저는 크리스천이니까 우주천주님을 그냥 하느님이라고 불러도 괜찮습니까?

안성O : 예, 괜찮겠습니다. 하느님이든 한울님이든 자기가 존경하는 의미에서 부른다면 그 이름이 다르더라도 궁극은 같다고 봅니다.

(시도자) 그러면 저에게 깨달음이 생겼다고 가정한다면 그것은 하느님

의 법이라고 생각하면 되겠습니까?

최영O : 기독교인은 기독교인으로서 하느님이라고 부르게 된 근원이 있고, 우주천주는 우주천주 대로의 개념이 있습니다. 하지만 내가 하느님을 깨달았다면 하느님을 공부한 것이지 우주천주를 공부한 것이라고는 생각하지 않습니다.

(시도자) 그러면 아까 안성O님의 말씀으로는, "하느님이나 우주천주님이나 이름만 달리할 뿐 근원적으로는 같다."라고 하셨는데, 그러면 내가 하느님의 법을 깨달았다면 우주천주의 법과 다르다고 생각하십니까?

최영O : 하느님이 하느님으로 계속 머물러 있으면 하느님이라고 해도 괜찮겠지만 2천 년 전의 하느님은 이미 20세기에 들어온 우리시대에 와서는 2천 년을 거슬러 올라가야 하느님이라 부를 수 있습니다. 신(神) 또한 머물지 않고 계속 창조된다고 봅니다. 지금은 우주를 향하는 20세기니까 우주천주의 깨달음으로 존재해야 한다고 생각합니다.

(시도자) 저는 하느님을 믿고 있기 때문에 '하느님은 절대자요, 전지전능하시며 온 우주의 포괄적인 분'이라고 알고 있는데, 지금 말씀으로는 우주천주님을 깨닫는 것과 하느님을 깨닫는 것이 다르다고 혼동되는데, 하느님과 우주천주님이 무엇이 다르고, 무엇이 같은지 분명하게 말씀해 주시기 바랍니다.

이근O : 우주천주라고 하니까 어떤 인물로 생각하는데, 우리가 우주천주를 $\stackrel{\text{O}}{\underset{\text{主}}{宙}}$ 와 같이 부호로 써보면 우주의 운동과 질서를 나타내는 것을 알 수 있습니다. 여러 의미들이 서로 결합되어 흐르면서 우주만물에 영향을 미친다는 것을 알 수 있습니다. 하느님은 절대자요 전지전능한 분이라고 표현하고 있습니다만, 그것을 실증하는 과학적인 근거가 현대인의 사고로 납득할 만한 것이 아닙니다. 그래서 단지 종교인의 믿음만으로 변화하는 우주를 파악할 수 있겠는가 하는 데는 의문입니다. 하느님은 종교에서 부르는 믿음의 명칭이고, 우리가 말하는 우주천주는 근원에서부터 현실세계에 이르기까지 온갖 운동과 운행의 질서를 포괄적으로 설명하고 있습니다.

(시도자) 지금까지 세 분의 말씀을 들었는데 아직 확실하게 구분이 안 됩니다. 알아듣기 쉽게 좀 더 설명해 주시면 좋겠습니다.

김낙O : 무소부재하고 전지전능하며 창조성을 가지고 있는 절대적인 존재를 '신이다, 야훼다, 하느님이다.'라고 이름을 붙인 점에서는 우주천주가 가진 속성과 같다고 봅니다. 다만 어떤 이름을 가진다는 것은 중요한 의미가 있어서 지금 우리시대에서는 그 이름을 가진 대상을 세밀하게 의미 분석하고 종합할 수 있어야지 막연하게 믿음의 대상으로서 과거에 부여된 이름에 따른다는 것은 문제가 있다고 봅니다.

이두O : 시도자께 한 가지 묻겠는데 하느님이라고 믿고 계신 분은 절대자입니까, 상대자입니까?

(시도자) 절대자입니다.

이두O : 절대자라면 어느 곳에나 다 계십니까?

(시도자) 그렇습니다.

이두O : 그렇다면 '내속에도 하느님이 계신다.'가 아니라 나 역시 하느님의 한 부분이라고 생각되는데, 상대(相對)도 그렇게 할 수 있다고 보십니까?

(시도자) 절대는 절대로서 상대와 동떨어진 것이 아니라 모든 상대를 다 포용하고 있을 때 절대라고 생각합니다.

이두O : 그렇다면 절대라는 개념 속에 상대라는 개념도 포함된다고 보십니까?

(시도자) 그렇습니다.

이두O : 그렇게 상대할 수 있기 때문에 왜곡(歪曲)될 수도 있습니다.

때문에 우리가 우주천주님이라고 말씀드린 것은 시도자께서 진정 하느님의 법을 깨달으셨다면 그것이 바로 우주천주의 법입니다. 왜냐하면 절대적인 개념에서 자기의 향하는 바가 상대적인 개념으로만 있을 때는 매달려 있는 종이라고 밖에 할 수 없고, 또 절대적인 개념에서의 하느님이라면 내가 그 법을 깨쳤을 때 내가 하느님이고 세상의 주인이며 우주입니다. 내가 주인이라면 주인으로서의 의무가 있고 권한이 있는데, 지금의 종교로는 그냥 '하느님의 말씀'이라는 것에 매달려 있을 수밖에 없다고 봅니다. 우리가 하느님이라고 믿었던 그 부분을 더 깊이 들어가 보니까 완전하게 드러난 것이 바로 '⊙ (우주천주머릿말씀)'이라는 것입니다. 시도자께서 불교에서 깨쳤든 기독교에서 깨쳤든 진정으로 깨쳐서 밝혀보셨다면 그것이 바로 '우주천주머릿말씀'임을 알게 될 것입니다. 우리는 그 길을 먼저 밝히신 큰스승님을 따라서 공부하고 있고, 주인으로서의 삶을 살고 있습니다. 우리는 큰스승님께서 세상제도를 하시는 것을 직접 보아왔고, 그걸 증거 할 수 있기 때문에 진정한 우주의 중심축은 '⊙'으로 드러난다는 것을 확인하고 있습니다. 우주천주사상은 현재 실행되고 있는 사상이고, 변화되는 사상이며 초종교적이고 최첨단의 과학이라고 할 수 있습니다.

(시도자) 저는 한때 불교신자였는데 그때 우주의 절대자는 '부처님'이라

고 배웠습니다. 지금은 기독교신자가 되어 우주의 절대자를 '하느님'이라고 부르고 있습니다. 그런데 이제 이 공부를 하려는데 여기에서는 '우주천주'라고 합니다. 왜 이렇게 이름이 다른지, 그 이름 때문에 대단히 혼란이 옵니다. 왜 굳이 우주천주라고 해야 합니까?

서정O : 지금 말씀하신 것이 이름이 가지는 개념인데, 이름 자체는 어쩔 수 없이 어떤 대상과 자기 관심의 포커스(focus)가 맞춰지는 것을 표현하다 보니까 생겨난 결과물이고, 또한 보편적인 상황을 하나로 귀결시키기 위해서 만든 것입니다. 가령, '하느님'이라는 이름이 생겨나기 전에는 '야훼'라는 이름으로 불렀는데, 그러한 개념이 생겨난 데에는 사회적인 경험이나 시대적이고 공간적인 관념이 필요했습니다. 부처님의 어원이나 하느님의 어원이 어떤 시대, 어떤 공간에서 발생되어 어떤 사람들에게 회자(膾炙)되고 정립되어졌는가 하는 것은 좀 더 역사적인 고찰이 필요하다고 봅니다.

(시도자) 물론 시대적으로 적합하게끔 그 시대 사람들이 이해할 수 있는 적합한 이름을 쓴다는 것은 이해하겠는데요. 그 이름을 지금 그렇게 바꾸어야 할 필요성이 있습니까?

서정O : 이름이 가지는 힘이 있고, 또 그 이름으로 형성되는 장(場)이 있습니다. 즉, 하느님이라는 이름 자체가 있기 때문에 하느님 밑에 교회, 은총, 자비, 죄, 벌 등 하느님에 관계된 제반적인 내용이 포괄되어 있습니다. 불교에서도 역시 법, 종파 등 부처님이라는 하나의 정점에 부속된 의미들이 있어서 더 이상의 수용성을 못 가지는 수가 있습니다. 그것들이 그렇게 새로운 발상과 창조를 수용하지 못하기 때문에 새 사상이라면 그에 걸맞은 새로운 이름을 가지는 것이 당연하다고 보기에 새로운 이름이 필요하다고 봅니다.

**큰스승님 :** 지금까지 한 이야기들을 잘 들었는데, 나 같으면 이렇게 설명하겠습니다. 어떤 사람이 저주파 발진을 해서 치료기로 쓰는 장치를 만들었다고 합시다. 그 사람이 그런 제품을 만들어서 이름을 'X-2'라고 붙인다면 다른 사람들은 그 이름을 이해하는데 상당히 어려움을 겪을 것입니다. X-2가 뭔지에 대한 많은 설명을 필요로 합니다. 그때에 간단하게 '이것은 저주파 발진 치료기다.'라고 하면 그 해석이 아주 쉽게 이해가 됩니다. 그런데 하느님이라고 할 때는 나열된 상태가 아니라 전체가 포괄되어 있는 상태입니다. 부처님이라고 했을 때도 마찬가지로 포괄되어 있는 상태입니다. 그것 때문에 우리가 이해하는 데 상당한 어려움이 있습니다. 그래서 하느님이나 부처님이나 우주천주님이나 똑같은 절대자라고 생각하지만 宇宙(우주천주)는 빠르고, 정확하고 이해하기 쉽게, 절대와 잘 닿도록 하기 위해서 풀어서 나열해 놓은 것입니다. 하느님이라고 하니까 우리는 하늘을 쳐다보게 됩니다. 그런데 우리의 문명이 발달되어서 실제로 우주로 나가보니까 하늘이란 것이 우리가 생각하던 하늘이 아닙니다. 이 지구를 벗어나

니까 깜깜한 하늘이 있습니다. 또한 하늘은 지구에만 속한 것이 아니라 이 우주에 광대하게 널려 있습니다. 그냥 하늘이라는 개념만으로는 이 지구에 너무 편존(偏存)됩니다. 그것은 단지 지구에서 바라보는 하늘일 뿐입니다. 그래서 우리는 '하늘'이라는 개념에서 '우주'라는 개념으로 바꾼 것입니다.

그 다음에 아무리 전체를 설명하고 있어도 그 전체에 어떤 힘이 작용하고 있는지, 또한 경계를 얘기하면 그 안에 작용하는 힘도 얘기해야만 합니다. 그래야 그 경계가 온전히 유지되기 때문입니다. 우주천주에서 '천'은 우주의 약동하는 힘을 의미합니다. 그래서 '宇主(우주)'라는 바운더리(boundary)와, 그의 내부에서 작용하고 있는 '천'이라는 박동하는 힘과, 또한 개체 개체에게 각기 다르게 있는 것이 아니라 전체를 통괄하는 주인이라는 의미에서 '주'를 써서 '우주천주'라고 합니다. 하지만 혹 여러분이 우주천주라는 말이 이해하기 어렵고 거부감이 든다면 잠정적으로 그냥 하느님이라 해도 되고 부처님이라 해도 좋습니다. 그러나 여러분이 우주의 이치를 깊이 깨달아 나가면 분명히 우주천주라는 이름이 이때에 적합한 이름이라는 것을 알게 될 것입니다.

**서정O** : 기독교에서 '하느님'이라고 했을 때, 단순하게 하늘에 국한시켜 생각하지는 않습니다. 많은 수도자들이 현대 사조에 발맞추어 내적인 깊이를 갖춰 나가면서 하느님이라고 하는데, 굳이 우주천주라는 이름을 붙일 필요가 있습니까?

**큰스승님** : 그 깊이에까지 들어가 보면 그런 뜻이 들어있다 할지라도 그 말이 갖는 뉘앙스가 우리에게 힘을 주고 이미지를 형성해 줍니다. 예를 들어 '먹'이라든지 '묵'이라는 표현을 붙였을 때는 뭔지 모르게 '검다'라는 이미지를 갖습니다. 신학적으로 깊이 들어가는 분은 하느님이라고 할 때, 하느님이 갖는 의미를 대단히 깊이 있게 설명할 수 있고, 전지전능이라는 것을, 이 우주의 주인이란 것을 다 설명할 수 있으리라고 봅니다. 다만 아직까지 닿지 못하고 있는 사람에게 하느님이라고 하면 왠지 모르게 하늘이라는 이미지를 주게 된다는 것입니다. 처음부터 그러한 혼동을 막고, 바르게 잡아주기 위해서 '우주', 또는 '우주천주'라는 이름으로 바꿀 필요가 있다고 생각합니다.

**서정O** : 그러면 '우주'라는 말을 붙이는 대상은 초보자에게 국한 된 것입니까?

**큰스승님** : 사실 우리는 궁극적으로 어디까지 가더라도 우리는 우주라는 개념을 벗어날 수가 없습니다. 때문에 시작을 우주로 해서 끝까지 우주인 것입니다. 그러나 하느님이라고 시작을 하면 언젠가는 우주라는 개념으로 바꿔야만 합니다. 그래서 과정을 줄여주고 직접적이고 효율적으로 닿게 하기 위해서는 처음부터 바뀌지 않는 정확한 표현을 써주는 것이 좋다는 것입니다. 그리고 부처님이라고 했을 때 역시 부처를 설명하기 위해 여러 설명을 필요로 합니다. '우리 속에 내재(內在)한 불성(佛性)'이다, 또는 '진아(眞我)'다, 뭐다 하는 얘기를 하

게 되는데, '우주'라고 하면 어린 아이들도 이 광대한 우주라고 당연히 생각하고 받아들이게 됩니다.

**서정O** : 우주천주라는 말은 그런 관점에서 무리가 없다고 봅니다. 그러면 영어권에 속한 사람들이 'God'이라고 할 때의 개념과 '우주천주라'고 할 때의 개념의 마찰이랄까 그런 것은 어떻게 설명할 수 있겠습니까?

**큰스승님 :** 우리와 언어권(言語圈)을 달리하는 지역에서라면 분명히 부호로 풀이해야 할 것입니다. 왜 군이 부호를 풀이하면서까지 이 표현을 써야 되느냐 하면 그것은 이 '宇(우주천주)'라는 표현 속에 우주를 설명하는 법칙이 들어있기 때문입니다. 여기에 우주에 대한 법칙이 안 들어 있고, 그냥 'X-1', 'X-2' 이런 식으로 이름을 지었다면 그 'X-2'를 설명하는 또 다른 말이 있어야 합니다. 그러나 우주천주라는 부호 속에는 그런 의미와 법칙이 있기 때문에 하나의 설명으로 충분합니다. 아까 말한 대로 'God', '신(神)'이라고 했을 때는 신에 대한 설명을 또 해야 합니다. 또 'God'라고 이해하고 있는 사람에게도 'God'가 무엇인지 또 설명해야 합니다. 그러나 우주천주라고 했을 때는 "자, 이렇게 구성되어 있다."라고 아주 단순, 명료하게 설명해서 그들이 우주의 법칙을 아주 쉽게 이해할 수 있습니다.

서정○ : 내용은 그렇다 하더라도 구체적인 명칭을 정할 때도 그 사람들에게 '우주천주'라고 표현해야 합니까?

큰스승님 : '㊀ (우주천주)' 또는 '㊀㊅㊁ (우주천주머릿말씀)'이라는 부호가 되게 된 것은 우주의 근원이요 본질인 ○과, 우주사물인 물질계를 나타내는 □, 즉 '○'이라는 물질로 구성되어 있지 않은 세계와, 물질로 구성된 '□'의 세계, 그리고 그 사이에서 일어나고 있는 氣작용과 물질의 조화작용을 모두 설명하고 있기 때문입니다. 우리는 이러한 법칙을 통해서 우주의 진리를 공부하고 실행하기 위해 모여서 공부하는 공동체입니다. 그런데 내용은 같다할지라도 그 표현 자체가 각자 다르다면 의식을 공유하기가 대단히 어려울 것입니다. 때문에 설령 외국인이라 할지라도 '우주천주'라고 발음해 줌으로써 서로가 통하는데 걸림이 없습니다. 그것을 각자 나름대로 부호풀이를 해서 영어를 붙인다면 같은 도반끼리도 통하는데 상당한 어려움이 있을 것입니다.

서정○ : 결국 우주천주라는 말이 전 세계 공용어로 쓰이기 위해서는 신생어처럼 말 자체가 새롭게 탄생되어야 하는 것입니까?

큰스승님 : 그렇습니다. 우리가 지금 이런 주제를 끄집어내서 서로 얘기해 보는 것은 각자가 지금까지 가지고 있던 개념들을 정돈하는 데 상당한 도움이 될 것이라 생각하기 때문입니다. 그럼 이어서 다음 질

문을 하겠습니다.

(시도자) 온전한 우주천주가 되기 위해서 공부를 한다고 하셨는데, 그 공부는 어떻게 합니까? 저는 기독교인이라 하느님께 기도하고, 하느님께 모든 영광을 돌리며 신앙생활을 해왔습니다. 여러분은 어떻게 공부합니까?

서정O : 우리공부도 불자나 기독교인처럼 믿음을 바탕으로 공부를 하니까 똑같은 마음공부이지만 좀 더 실질적인 것입니다. 이를테면 氣의 흐름을 통한 공부이므로 그 결과를 명확하게 볼 수 있습니다. 또 높은 경지까지가 아니더라도 공부를 통해서 악조건에 대처할 수 있는 힘과 실행에 옮길 수 있는 지혜를 배웁니다.

(시도자) 불교신자인 저는 생로병사(生老病死)를 깨닫고 해결하기 위해서 석가모니가 깨달은 불법(佛法)을 배우고 있습니다. 특히 사성제(四聖諦)인 고집멸도(苦集滅道)를 행하기 위해서 팔정도(八正道)를 공부하고 있습니다. 그 팔정도를 행하는 데에 저희들은 육바라밀(六爬羅密)을 씁니다. 보시(布施), 지계(持戒), 인욕(忍辱), 정진(精進), 선정(禪定), 지혜(智慧) 바라밀을 행하고 있는데, 최선생님의 공부에서는 어떻게 공부하십니까?

최영O : 우리는 '바라밀(波羅密)'의 실제라고 할 수 있는 농축된 소

(素)의 세계를 밝혀내기 위해서 '회로'라는 특별한 방법을 쓰고 있습니다. 그 회로는 우리 내부에 작용하고 있는 우주자성(宇宙自性)을 끌어올려서 근원의 에너지를 표현해내는 방법인데, 이를 통해서 바라밀의 실체를 볼 수 있습니다.

(시도자) 그렇군요. 그런데 그 회로라는 것이 무엇입니까?

이근O : 우주가 일정한 운동성을 가지고 있다면 나 역시 그에 따르는 고유한 운동성을 가지고 있는데, 그것을 내 몸을 통해 표현하는 것이 '회로'입니다. 그래서 우리가 회로를 완전히 체득한다면 나 자신은 물론이고, 우주 삼라만상의 움직임을 하나로 직시(直視)할 수 있습니다.

(시도자) 그러면 이 공부를 하지 않아도 누구나 회로라는 것을 할 수 있습니까?

이근O : 누구나 그 능력을 지니고 있다고 봅니다. 다만 그와 같은 능력을 발휘할 수 있게 하는 동기부여가 필요하고, 또한 그 능력을 바르게 표현할 수 있는 가르침을 받아야 합니다.

(시도자) 회로로 표현되는 그 운동성이 누구에게나 내재되어 있는 것이지만 어떤 동기가 부여되지 않으면 활성화되지 않는다고 하시면서 회로에 대해서 배워야 한다고 하셨는데. 그러면 누구든지 동기를 부여하면

그 회로란 것이 나오게 됩니까?

김낙○ : 우리가 존재한다는 것은 물질 몸과 영적인 부분의 결합체로서 파악할 수 있습니다. 물질 몸을 통해서 회로가 표현되고 동작이 표현되는 것이기 때문에 근원적인 통로를 바르게 만나게 할 수 있다면 모든 존재에서 회로가 표현되게 됩니다.

(시도자) 이 우주의 근원적인 흐름을 나타내는 게 회로라고 하는 뜻은 알겠습니다. 그런데 그런 회로를 배워야한다고 하는 것은 그 흐름 자체가 되는 것도 있고, 안 되는 것도 있다는 것입니까? 그렇기 때문에 거기에 합당한 것을 배워야 한다는 뜻입니까? 아니면 이 우주에 존재하는 모든 것은 다 현실에 존재하는 것이고 합당한 것입니까? 배워야 한다는 것은 뭔가 구분을 해준다는 얘기가 아닙니까?

김낙○ : 근원의 전체적인 흐름이 마치 출렁이는 물결처럼 파동 속에 있다고 한다면 우리 자신에게 그 출렁임이 다가왔을 때 그것이 나를 추락시키는 출렁임일 수도 있을 것이고, 나를 부양시킬 수도 있는 것일 수도 있는 것입니다. 그래서 그 흐름 자체를 모두 받아들였을 경우에는 자신의 바른 길을 갈 수 없습니다. 마치 출렁이는 파도 위에 몸을 맡긴 배처럼 아무런 목적과 지향 없이 그저 출렁이는 것은 공부하는 자세가 아니라고 생각합니다. 우리는 자신을 계발해야 하지만, 어느 때에 그것을 받아들여야 하는가 하는 문제가 있기 때문에 바른 지도를 받는 것이 필요한 것입니다.

(시도자) 지금 말씀하신 뜻은 각 개체마다의 고유한 흐름이 있고, 또 외 우주의 큰 흐름이 있는데, 그것과의 조화, 내지 부조화로 알아들었습니다. 맞습니까?

김낙O : 그렇습니다.

(시도자) 그렇다면 부조화는 왜 일어납니까?

김낙O : 부조화는 전체의 흐름 속에서 역행하는 저항 때문에 일어납니다.

(시도자) 그러면 그 부조화가 일어나는 것과, 그것을 조정해서 조화롭게 하는 것은 어떤 방법으로 하십니까?

이두O : 우리는 처음 자동동작을 익힌 다음에 회로 지도를 받습니다. 氣의 성질에는 '스스로'와 '저절로'의 개념이 있는데, 마음이 주(主)가 되어 자동으로 일어나는 현상을 '스스로'라고 하고, 내가 어떤 목적성을 가지고 의도적으로 쓸 때 나오는 기운을 '저절로'라고 하는데, 그러한 운동의 근원, 본질을 ○에 두고 있습니다. 근원인 ○을 잣대로 삼아서 공부하고 있기 때문에 스스로 자동화되어야 회로나 동작을 통해서 온전하게 밝힐 수 있고, 그것을 통해서 깨달음으로 나아갈 수 있습니다. 때문에 우리는 앞서 공부하신 분들의 안내와 지도를 통해서 부조화를 밝혀내고 조정합니다. 우리공부에서 동작과 회로는 사람이 살아가는 데에 꼭 필요한 물과 공기와 같이 중요한 것이지만 공부의 목적이 아니라 수단이라 보고 있습니다.

(시도자) 물론 궁극에 가서는 스스로 조절되어지는 자동화가 되면 좋겠지만 그렇게 될 때까지는 누군가가 지도를 해 줘야 할 것입니다. 그렇게 누군가가 지도를 해준다고 할 때는 그렇게 지도해 주는 사람에 대한 절대적인 믿음이 있어야 가능하다고 생각합니다. 그렇게 되면 지도해 주는 사람이 혹, 독선에 빠질 수도 있지 않을까요?

이두O : 지도해 주는 방법에 있어서 스승님께 받을 수도 있지만, 같이 공부하는 도반에게 받을 수도 있고, 어떤 경우에는 자기보다 늦게 공부를 시작한 사람에게도 받을 수 있습니다. 그렇게 각자의 파동이 다르기 때문에 그것으로 인해서 어느 누구에게 종속되지는 않습니다.

서정O : 기독교에서도 믿음을 바탕으로 지켜야 할 계명이 있고, 그 계명을 통해서 해야 할 권리와 의무가 있습니다. 우리공부에서도 자기의 근원인 '○'과, 그 ○으로부터 비롯된 '氣', 그리고 氣작용으로부터 비롯된 '근본원리'가 있습니다. 그래서 '○氣', '도리(道理)', '성정(性情)'이라는 구분이 있습니다. 그리고 그렇게 열심히 공부하는 사람이 길을 잘못 드는 경우도 있는데, 그 첫 번째 이유는 자기가 제대로 순서를 밟고 있느냐 하는 문제입니다. 공부와 믿음의 정도라고 할 수 있는 순서를 제대로 밟고 있느냐 하는 것을 살펴봐야 하고, 그 다음에는 이 우주에는 단순히 힘만 존재하는 것이 아니라 운행되는 근본이치가 존재하기 때문에 그런 것들과 그 사람의 그릇됨과의 부조화에서도 원인이 있을 수 있습니다.

(시도자) 조금 전에 이두O님께 듣기로는 스승님께 지도를 받을 수도 있고, 도반에게 지도를 받을 수도 있고, 또 자기보다 늦게 공부한 사람에게서도 지도를 받을 수도 있다고 하셨는데. 사실 처음에 공부를 접하면서 여러 사람과 대화를 하다보면 각기 다른 설명으로 인해서 오히려 혼동이 생길 수도 있다고 보는데, 그럴 때는 어떻게 합니까?

서정O : 저희들의 경우에는 근본 잣대가 엄연히 존재합니다. 가장 현실적이면서도 과거와 미래를 초월한 절대자의 계시, 살아있는 말씀이며 생산적인 말씀인 계시록이 있어서 그 계시록을 기준으로 합니다. 그리고 여러 사람과 대화를 하는 중에 각기 다른 점이 있다면 그것을 단순히 평가할 것이 아니라 그 분들이 왜, 어떤 관점에서 그런 말을 했는가에 대한 평가를 해 볼 필요가 있습니다. 즉, 무조건적인 믿음이 아니라 스스로 주관을 갖춘 상태에서 이야기를 듣는 자세가 필요하다고 생각합니다.

큰스승님 : 사실 자기가 구분할 올바른 잣대를 갖추고 있다면 그는 이미 상당한 경지에 있다고 생각합니다. 그러나 처음 공부를 접하는 사람들은 거의 그런 잣대가 형성이 안 되어 있을 것입니다. 그때에 오는 혼란이 문제입니다. 우리가 가르치고 가르침을 받는다는 것은 가르쳐주는 사람에 대한 거의 절대적인 믿음이 필요합니다. 그러나 그 절대적인 믿음조차도 가르치는 사람이 인성(人性)을 가지고 있고, 인간으로서의 몸을 가지고 있기 때문에 때로는 상황에 따라 옳게 설명되어지지 않는 부분도 있을 것입니다. 말하자면 여러분은 스승에 대한 깊은 신뢰를 가지고 있어서 스승을 믿고 따르되, 만약에 혼동이 온다든지 표현이 잘 안 되었을 경우에는 근본 잣대로 '우주천주머릿말씀'이라는 계시록이 있으니, 그 계시록을 근본 잣대로 삼으면 되는 것입니다.

(시도자) 그럼 또 여쭙고 싶은데요. 아까 말씀 중에 氣란 표현을 썼는데, 氣라는 게 도대체 무엇입니까?

안성O : 태초의 운동을 나타내는 것을 氣라고 합니다.

(시도자) 그것을 다른 말로 힘이라고 할 수도 있습니까?

안성O : 氣와 힘은 비슷한 의미지만 氣를 힘이라고 하는 것은 합당한 표현이 아니라고 생각합니다.

(시도자) 그러면 힘이라고 표현하는 것이나 氣라고 표현하는 것이나 근원적인 뜻은 같은 것이라고 볼 수 있습니까?

안성O : 정확한 표현은 잘 못하겠는데, 근원적인 뜻은 다를 것 같습니다.

(시도자) 저는 아직까지 氣와 에너지와 힘에 대한 구분이 잘 안 됩니다. 쉽게 설명해 주시겠습니까?

최영O : 그 셋이 각각 다른 부분이 있는데, 氣는 작은 것이 큰 것을 이길 수도 있지만 에너지는 작은 것이 큰 것을 이기기 어렵습니다. 에너지가 방향성을 가지고 진행하는 과정에서 氣라고 부르게 되었다는 설명이 있기도 하지만 에너지와 氣는 구분이 되어야 합니다.

(시도자) 저는 아직까지 구분이 잘 안 됩니다. 사람들이 힘이라고 하기도 하고, 氣라고도 하는데 그것을 굳이 다르게 표현하는 것은 분명히 다른 점이 있을 것이라 생각합니다. 어떤 점이 같고 어떤 점이 다릅니까?

서정O : 대별적인 구분으로써 자연과학적인 표현을 할 때, 즉 질량보존의 법칙에 적용되는 것은 모두 힘 또는 에너지라고 표현하고, 氣라고 표현을 할 때는 물리적이고도 정신적인, 즉, 유형적이며 무형적인 것을 다 포함할 때에 쓰는 말이라고 생각합니다.

(시도자) 그러면 氣는 에너지도 포용하는 포괄적 의미의 힘입니까? 그러면 힘은 氣의 일부입니까?

김낙O : 어떤 상태에서 다른 상태로 전환시킬 수 있는 일을 하는 실체를 에너지라고 볼 수 있는데, 거기에는 뚜렷한 방향성이 존재하는 것이 아니라 그 자체가 일을 할 수 있는 가능성을 통틀어 힘 또는 에너지라고 표현합니다. 그에 비해서 氣는 어디에서 발생되어 일을 하고 원래의 근원자리로 되돌아가는 회귀성을 지니는 길의 의미까지 포함하는 것이라고 생각합니다.

(시도자) 그렇다면 힘은 한 번 쓰면 근원자리로 안 돌아가는 것, 즉 엔트로피가 증가하는 것이고, 氣는 쓰고 난 후 근원의 자리로 되돌아가니까 항상 다시 쓸 수 있는, 즉 엔트로피가 감소하는 것이라고 생각하면 됩니까?

김낙O : 예, 그렇습니다.

(시도자) 그래서 여러분이 그리고 있는 회로가 항상 제자리로 되돌아가는 형상을 보이는 것입니까?

김낙O : 예. 그렇습니다. 우리는 엔트로피를 감소시키는, 질서 있는 우주를 바르게 이해하고, 그 상태로 나아가기 위해서 '자동동작'과

'회로제도'를 공부하고, 氣를 쓰는 공부를 통해서 근원에 닿고자 하고 있습니다.

(시도자) 그러면 여러분이 회로를 그리는데 근원의 자리로 되돌아오는 운동을 계속하면 거기에는 항상 질서를 가지고 있는 것이 됩니까? 만약에 질서를 내포하는, 즉 엔트로피 감소계에 있다면 그 공부를 해서 틀리는 것이 없어야 할 것이 아닙니까?

김낙O : 우주는 끊임없이 창조와 파괴의 과정 속에 있는데, 이 우주가 텅 비어있는 상태에서 가득 찬 우주로 나아가는 운동을 계속하고 있는 이상 그 작용이 끊임없이 반복됨으로써 우주가 진화하고 있기 때문에 어느 한쪽만으로 생각할 수 없습니다.

(시도자) 그러면 여러분이 그리는 회로 속에는 무질서도 있습니까? 무질서하게 만드는 힘도 있고 질서 있게 만드는 힘도 있습니까?

김낙O : 하나로 굳어진 실체가 있다면 그 실체는 우주의 진화에 있어서 저항이 걸린 것이라고 볼 수 있는데, 그러한 부분은 오히려 무질서하게 만들어 줌으로 해서 질서로 나아갈 수 있게 재편성하는 과정에 있는 것입니다. 氣 자체가 창조와 파괴의 힘을 내재하고 있어서 엔트로피를 증가시킬 수도 있고 감소시키는 기운으로도 작용할 수 있습니다. 따라서 氣를 쓰는 씀씀이의 차이지 회로 자체가 어느 한쪽만의 기운을 가지는 것은 아니라고 생각합니다.

(시도자) 그러면 혹 그 공부를 해서 자칫 피해를 받을 수도 있습니까?

김낙O : 그럴 수도 있습니다. 안정된 상태가 최선이라고 생각하는 사람은 내재된 자신의 에너지에 열리는 기운에 의해서 밖으로 드러날 때, 그 기운을 감당하지 못해서 그 변화를 피해를 받는다고 생각할 수도 있습니다.

(시도자) 지금의 제 경우는 안정된 상태라고 볼 수 있는데. 그러면 이 공부하기가 겁이 납니다. 이 안정이 깨어지고 파괴가 될지 모른다는 두려움이 생깁니다. 이 두려움을 어떻게 해소할 수 있습니까?

김낙O : 우리 자신이 이 세상에 태어났다는 자체가 이미 완벽한 상태가 아니라고 봅니다. 완벽하다면 저항이 걸리는 이 육신으로 존재할 필요도 없다고 봅니다. 우리 자체가 온전하고 완벽한 상태로 있지 못하기 때문에 끊임없이 새로워지기 위해서는 자기 파괴가 일어나는 것은 극히 당연하다고 받아들여야 한다고 생각합니다.

(시도자) 그러면 이근O님은 처음에 이 공부에 접하려는 사람에게 그런 두려움을 어떻게 해소해 주시겠습니까? 만약에 이 공부를 해서 지금까지 내가 쌓아왔던 것이 이 공부와 맞지 않다면 다 무너뜨려야 합니까?

이근O : 자기 기준에 맞추고 있기 때문에 안정인데, 그 안정을 깸으로써 한 차원 높은 안정으로도 갈 수 있습니다. 자기 자신이 파괴된다고 해서 정신적, 물질적으로 완전히 무너진다고 보지 않습니다. 여러 갈등이 생기겠지만 그것은 바른 마음으로 바르게 공부함으로써 해결할 수 있다고 봅니다.

(시도자) 저는 처자식도 있고 모아놓은 재산도 좀 있는데, 이 공부를 하면서 자칫 그 모든 것이 와르르 무너질까 두렵습니다. 이 두려움을 어떻게 해소해야 할 지 아직 모르겠습니다.

이두O : 지금 말씀하시는 것은 물질적이고 현상적인 두려움입니까?

(시도자) 그것보다는 지금까지 내가 살아오면서 쌓은 지식과 경험이 있는데, 그 모든 것이 다 무너진다면 나는 인생을 처음부터 다시 시작해야 하지 않습니까?

이두O : 이 공부를 해서 자기가 쌓아온 재산, 물질적인 부분이 무너진다고는 생각하지 않으셔도 됩니다. 왜냐하면 우리공부가 氣로써 얘기할 때는 엔트로피 감소계라고 말씀드렸고, 종교적인 면에서는 창조의 공부, 조화의 공부이므로 내가 가진 사상과 물질적 바탕을 전부 쓸 수 있는 것이지 그걸 제쳐두고 하는 공부가 아닙니다.

(시도자) 그러면 우리가 현실 속에서 모든 것을 응용하고 탈 것으로 삼아서 공부할 수 있다는 말인데, 그것을 내가 자유자재로 쓰려면 어떻게 해야 쓸 수 있습니까?

이두O : 좀 전에도 말씀드렸듯이 자동화가 되어져야 하고, 또 바른 지도가 온전하게 이루어져야 합니다. 우리공부에서 보면 어떤 일이 이루어질 때에는 반드시 거기에 합당한 조건이 부여되어져야 합니다. 이 공부에도 계가 있고, 계시록이 있으니까 그것을 잣대로 공부해 가시면 됩니다. 더욱이 우리에게는 큰스승님이 계시니까 온전하게 되신 그 분과 공진(公賑) 함으로써 자신도 온전하게 될 수 있습니다.

(시도자) 그 스승님은 어느 한 개인을 지칭하는 것이 아니라고 생각되는데, 즉 '법화(法花)한 우주본성'이라고 믿어도 좋겠습니까?

이두O : 예, 그렇습니다.

(시도자) 저도 한 개인을 대상으로 했을 때는 상당한 혼란이 올 수 있다고 봅니다. 그래서 계시록이 있다고 해서 제가 그 계시록을 잠깐 봤는데, 여러 각도로 해석이 가능하게끔 해석의 여지가 너무 많아 보였습니다. 혹, 이 공부를 전혀 모르는 사람을 안내해 주는 책자나 다른 방법이 있습니까?

서정O : 계시록은 뿌리에 해당하는 내용이기 때문에 당연히 근본 뜻을 제대로 이해하기 어려울 수도 있고, 해석의 여지가 많은 만큼 오해의 가능성도 큽니다. 또, 근원 내지 궁극이라는 지표가 될 수 있기 때문에 그 계시록만으로 시도자가 접할 때에 어려움이 따르리라고 봅니다. 그러나 이에 대한 지침서가 나온다는 것도 무리가 있을 것입니다. 왜냐하면 끊임없이 변화하는 정보의 홍수 속에 사는 이 시대에 어느 한 마디의 단어나 개념으로 규정해 놓고 나면 그 변화의 폭을 과연 따라 잡을 수 있겠는가 하는 의문이 있기 때문입니다. 규정화되고 고정화된 지침서를 만든다는 것이 힘든 작업임에도 불구하고 공부하신 여러분이 나름대로의 길을 걸어가면서 배우고 깨달았던 내용들이 책으로 몇 권 나와 있습니다. 그런 책들이 참고자료가 될 수도 있지만 이 공부 전체를 일괄적으로 설명할 책은 아직 준비가 안 되어 있습니다.

(시도자) 어린 아이들이 공부를 할 때 이를테면 '수(數)'에 대한 개념을 얘기하면서 처음에는 물건을 갖다놓고 얘기를 합니다. "사과 하나 있지? 하나 더 놓으면 몇 개지?" "두 개지?" "내가 하나 먹으면 몇 개 남지?" 이런 식으로 실증적인 물건을 놓고서 가르치는데 여기에서도 그렇게 가르칩니까?

서정O : 원인과 결과에 대한 실증적인 예를 보여줍니다.

(시도자) 지금은 제가 영적으로 무지하고 여린 상태인데, 저에게 우선

### 길을 열어주는 실증적인 방법이 있습니까?

**서정O** : 큰스승님께 여쭙겠습니다. 공부를 시도하는 사람들이 실증적인 방법으로 공부에 접하기 전에 우선 사회 전반에 정신문화가 형성되어 있다고 보기 때문에 그것을 바탕으로 해서 '○'과 '氣'에 대한 얘기를 시작하고, 그 다음에 자기 몸으로 직접 느낄 수 있는 '자동동작'과, 그 자동동작을 통한 실증들을 체험하도록 하겠습니다. 그런데 氣와 힘에 대한 얘기를 하다가 지금은 단계에 넘어와 있는데 의문이 있습니다. 氣가 엔트로피 감소계이고, 힘이 증가시키는 작용이라면 태초에 균형이 잡혀있던 것에서 깨어지는 모습은 어떻게 설명할 수가 있습니까? 그로부터 비롯된 것이 氣라면 그 태초의 氣의 모습은 엔트로피 증가의 모습이 아닙니까?

**큰스승님** : 에너지라는 것은 한 번 쓰고 나면 원형으로 돌아가지 않고 다른 형태로 변합니다. 그래서 에너지는 엔트로피 증가, 氣는 엔트로피 감소라고 얘기를 했는데, 이것을 둘로 보기 때문에 자꾸 다르게 설명을 합니다. 우리가 동그라미를 하나 그려도 올라갈 때의 힘과 내려올 때의 힘이 다릅니다. 그것처럼 하나로 이어져서 엔트로피 감소계에서 나와서 엔트로피 증가계로 갔다가 다시 엔트로피 감소계로 갑니다. 그렇게 움직이기 때문에 氣와 에너지를 따로 분리한 상태가 아니라 에너지 속에 氣를 수용하고 있고, 氣 속에 또한 에너지를 수용하고 있다고 보아야 합니다. 그것을 하나로 보면 분리심이 없

어집니다. 그래서 어떤 경우에는 떨어뜨리기 위해서 밀어 올려야 하고, 또 밀어올리기 위해서 떨어뜨리기도 하는 그러한 일련의 과정 속에 있다고 이해하면 됩니다. 때문에 나에게 창조력을 주는 것과 동시에 기존의 것을 파괴해 주는 역할이 동시에 일어나는 것입니다. 그래서 우리는 나에게 옳은 이치를 창조해 내고, 잘못된 것은 소멸해 달라는 마음을 갖고 공부에 임하면 좋습니다. 잘못된 것이 있더라도 굳이 이것을 유지해 달라거나, 잘되는 것이 있더라도 나에게서 창조되지 않게 해달라는 것은 수도자의 자세가 아닙니다. 그렇기 때문에 여러분이 바른 이치를 깨닫기 위해 공부를 하겠다는 것은 그런 과감한 용기가 필요합니다. 자기가 잘못 살아온 인생이라면 지금부터라도 자기 인생을 새롭게 변화하기 위해서 잘못되어져 있는 것은 없애야 합니다. 그리고 잘 되어질 방법은 계속 생성되어 나오게 해야 합니다. 그런데 이런 것 자체가 사실 어느 것이 잘 되는 것이고 어느 것이 잘못되는 것인지 그 구분이 굉장히 어렵습니다. 그래서 도반이 있고 스승이 있고 계시록이 있는 것입니다. 그러나 끝까지, 궁극에 가서도 항상 그 법칙에 매달려야 하느냐? 그것은 아니라고 생각합니다. 자기가 어느 정도 힘과 지혜를 가지고 있을 때는 스스로 氣를 조정하는 길이 있습니다. 그래서 지금 '이것이 없어져 줘야겠다.'라고 했을 때, 그것이 어떤 과정을 통해야 하는가 하는 것을 스스로 조정하고, 또 생성되어야 할 것도 스스로 조절할 수 있게 하는 것입니다. 그래서 우리공부에 '氣운영[1]', '氣조정', '氣조종'이라는 것이 있는 것입니다. 이것은 공부 과정 중에 그 순서를 밟아나가는데 궁극적으로는 여의화 되기 위해서 조종력을 갖추어야 하는 것이지, 단지 그 흐름에 그냥 따라가는 것이 아닌 것입니다. 결국 우리는 자기가 원하는 대로 조종해갈 수 있는 우주천주가 되어야 합니다. 그래서 공부해 나갈 때 처음에는 氣의 흐름을 따르는 氣운영이라는 방식을 택합니다. 그때에는 여러 도반과 스승의 말씀, 계시록을 참조해 나갑니다. 그리고 스승에게 지도받고 선배와 교류하면서 증득(證得)해 나갑니다. 다음에는 자기가 氣조종이라는 조종자의 입장에 서게 됩니다. 물론 조종한다고 해서 처음부터 다 완벽하게 되는 것은 아닙니다. 그런 과정을 통해서 점점 완벽하게 조종해 갈 수 있도록 공부해 나갑니다. 그러면 다시 시도자의 입장으로 돌아가서 묻겠습니다.

(시도자) 제가 듣기로 이 공부를 할 때 제일 먼저 자동동작을 시킨다고 하는데, 공부하시는 어떤 분이 동작을 하니까 손이 닿지도 않았는데, 상대방의 몸이 움직인다고 들었습니다. 그러면 그 사람의 몸이 움직이는 것은 상대방의 힘입니까, 아니면 자신의 힘입니까? 즉, 움직이는 사람의 힘입니까, 상대방이 힘을 줘서 그렇습니까?

---

1. 氣운영, 氣조정, 氣조종 : 영적 설계인 제도를 실현해 내기 위하여 氣를 보조하거나 조정하는 것이고, 氣조정은 내부의 기운과 외부의 기운이 서로 균형과 조화를 이루도록 조정하는 것이며, 氣조종은 자신의 의지로 氣를 조종하여 외부세계를 변화시키는 것이다.

안성○ : 움직이는 사람의 힘도 있고, 상대방의 힘도 있기 때문에 그런 현상이 일어난다고 봅니다.

(시도자) 어떤 분이 계속적으로 해 줄때는 굉장히 강한 힘을 느끼다가 그 분이 가버리고 없을 때는 희미하게 끝나버린다고 들었는데, 그것은 어떻게 생각하십니까? 또 수련장에 나와서 여러 사람이 있을 때 동작을 하니까 굉장히 강하게 느끼는데 집에 가서 혼자 해 보니까 아주 여리고 잘 안 되는 것은 왜 그렇습니까?

최영○ : 그것은 그 사람이 집에서 할 때는 주위 환경에 의해 기운의 방해를 받아서 氣의 흐름을 제대로 탈 수 없는 상태이기 때문입니다. 지도자가 있을 때는 방해되는 흐름을 조정해 주기 때문에 쉽게 氣를 느끼고 동작을 하게 되는 것입니다.

(시도자) 제가 느끼기로는 눈을 감고 가만히 있어보니까 이 손이 어디로 가는 것 같기도 하고 아닌 것 같기도 하고 해서 눈을 떠보니 제자리에 그대로 있었습니다. 느낌은 이만큼 갔는데 눈을 떠보니 제자리였습니다. 또 어떤 경우에는 눈을 감고 가만히 있을 때에 안 움직이고 가만히 있었는데 갑자기 막 움직였습니다. 그래서 눈을 떠보니까 누군가가 손을 잡고 이렇게 움직여주고 있었습니다. 그때 내 손이 움직이는 것을 감동적으로 받아들여서 한참 움직이다 보니까 차츰차츰 그 힘이 사라져서 나중에는 내가 동작을 하는 것인지 안 하는 것인지 구분이 잘 안 되

게 되었습니다. 그래서 눈을 떠보니 아까 그 사람이 돌아앉아 있었습니다. 그래서 나는 그 사람이 내게 힘을 준 것이 아닐까 생각했는데 그런 것이 아닙니까?

최영O : 그 힘은 근원적인 힘이 작용되었다고 보입니다.

(시도자) 수련장에 와서 동작을 할 때는 힘이 강했는데 집에 가서 할 때에는 여러 다른 파장의 장애를 받아서 희미해졌다면, 만약에 그 사람이 아무런 장애를 받지 않는, 이를테면 깊은 산속 경치 좋은 곳에 가면 강하게 됩니까?

최영O : 동기 유발을 받아서 방해를 받지 않는 다른 곳에 가서 하면 잘 됩니다. 그런데 기운에는 내적인 기운과 외적인 기운이 있는데, 내적인 기운은 잘되더라도 외적인 기운은 자기 공부의 깊이에 따라 영향을 받게 됩니다.

(시도자) 여기 불이 잘 탈 수 있는 것이 하나 있습니다. 그런데 누가 불을 당겨줘서 타게 된다면, 그 자체가 탈 수 있는 힘은 지니고 있지만 산소를 얼마만큼 공급해 주느냐에 따라서 어떤 때는 잘 안타서 그을음이 나기도 하고, 어느 때는 활활 잘 타기도 합니다. 그렇게 이해하면 되겠습니까?

최영O : 예, 그렇습니다.

(시도자) 그렇다면 처음에 공부를 시도하는 사람에게 될 수 있으면 스승이 옆에서 오래도록 지켜봐 주고 도와주는 것이 좋다고 생각합니까?

최영O : 그렇다고 생각합니다.

(시도자) 동작을 해보면 제가 손이 움직이다가 어디쯤에 갔다가는 되돌아옵니다. 또 되돌아오다가 슥 올라가기도 하고 슥 내려오기도 하는 흐름을 발견했는데, 그 흐름에는 어떤 이치가 있는 것입니까?

이근O : 거기에는 분명한 이치가 있습니다. 다만 우리가 그것을 아직까지 완전히 이해하거나 해석을 못하고 있을 뿐입니다.

(시도자) 그러면 이 단체에서 공부를 하시는 분 중에 그 이치를 설명해 줄 수 있는 분이 계십니까?

이근O : 똑같은 동작이라도 표현하는 사람에 따라 다를 수 있기 때문에 '어떤 한 동작이 무슨 의미이다.'라고 단편적으로 말하기는 어렵습니다.

(시도자) 그 이치를 설명해 줄 분이 안 계시다면 그 동기만 부여받고 산소를 공급받듯이 계속해서 힘만 제공받으면 되는 것입니까? 누구에게 이것을 배워야 합니까?

이근O : 동작을 크게 나누어서 설명할 수는 있겠지만 동작이 일어나는 하나하나를 특정한 분에게 일일이 지도받을 수는 없다고 봅니다. 스스로 체득해가야 전체를 볼 수 있을 것입니다.

(시도자) 그러면 스스로 닿을 때까지 기다려야 합니까?

이근O : 그걸 위해서 체크하는 방법도 있고, 회로로 통해서 닿는 길도 있습니다.

(시도자) 사실은 체크하는 방법도 배워서 해봤습니다. 그런데 그 체크하는 방법에 있어서도 '이것은 예가 되면 좋겠다.' 싶은 것은 예로 나와서 내 생각이 배제되었는지 알 수가 없습니다. 이를테면 '모든 생명은 태어나서 반드시 죽는가?'라는 것을 놓고 체크를 해 보면 사실 그 답은 우리가 이미 알고 있습니다. 그러나 체크하는 순간에 아니오로 나왔으면 좋겠다.'라는 생각이 강하면 아니오로 체크됩니다. 그러면 이것을 믿어야 됩니까?

이근O : 체크라는 것도 자기 자신을 통해서 하는 것이기 때문에 자기 자신을 움직이는 자기 사고에 의해서 간섭받을 수 있습니다. 그래서 자신의 생각이나 감정이 순수한 상태가 되어서 자기의 생각의 기운을 타지 않아야 제대로 체크가 되는데, 자기 생각에 좌우될 때는 정확한 체크라고 볼 수 없습니다.

(시도자) 사실 우리가 살아가는 동안 자기의 생각을 완전히 배제한다는 것은 극히 힘듭니다. 만약 자기가 생각을 자유자재로 배제할 수 있다면 그는 이미 상당한 경지에 이르렀다고 볼 수 있습니다. 그래서 복잡한 생각을 하고 있는 중에서도 옳고 그름을 제대로 가려낼 수 있어야 올바른 체크라고 생각합니다. 또 복잡한 여러 생각 중에서 내가 어느 것을 긍정할 것이냐, 부정할 것이냐를 정할 때에도 체크가 필요하다고 생각됩니다. 만약에 생각을 완전히 배제한 상태라면 그것도 불가능할 것 같은데 어떻습니까?

김낙O : 우리가 계속 사고 작용을 일으키는 것을 생리학자들은 화학작용이 계속 일어나는 상태라고 말합니다. 그러면 그 화학작용을 완전히 멈춘 상태, 또는 전기의 ＋와 －상태를 완벽하게 멈출 수 있다면 가장 이상적이겠는데, 그것이 아닐 경우에는 적어도 그 생각이 가지런히 정돈될 수 있어야 사물의 이치나 깊이를 제대로 파악할 수 있다고 봅니다. 그것처럼 일단 자기의 사고가 정돈되고, 그 사고가 한쪽으로 편중되지 않는 중용(中庸)의 상태를 유지할 수 있다면 체크가 바르게 되리라 봅니다.

(시도자) 동양에서는 중용을 최고의 경지에 두고 있습니다. 중용이란 바로 자기 자신의 중심자리에 머무는 상태라고 할 수 있습니다. 자기의 사고를 가지런히 정돈할 수 있다면 굳이 체크가 필요할까요? 결국 체크란 그 혼동된 상태에서 오는 것을 골라내는 힘이라고 생각합니다만 어

떻습니까?

이두O : 물론 자기의 근본 바탕이 이미 온전한 상태라면 굳이 체크가 필요 없겠지요. 그리고 체크에서 '자기가 맞을 것 같다, 아닐 것 같다.'라는 생각이 들어갔을 때는 그 생각대로 움직이는 경우가 많은데, 그때는 그 결정에 문제가 있는지, 없는지를 깊이 고려해 볼 필요가 있습니다. 즉, 체크 후에도 재 정돈 할 필요가 있는 것입니다. 그 방법으로 어떤 문제를 '가(可)', '부(否)'로 체크해 낼 때, 자기 생각이 들어가지 않도록 오로지 손의 느낌에만 집중할 수도 있습니다. 이를테면 어느 쪽으로 손이 가게 되는가에 오로지 집중해서 다른 생각이 들어올 틈을 주지 않는 것입니다. 이렇게 해서 자기의 사고가 정지되도록 한 상태에서 체크해 볼 수 있습니다. 또 너무 체크에 매달리다 보면 자기의 바람(소망)이 장(場)이 형성되어 간섭현상을 일으키는 경우도 있을 수 있습니다. 그러니까 너무 체크에 의존하기 보다는 처음에는 믿는 마음으로 영적인 힘을 쌓아가도록 하고, 자기가 목적하는 바를 회로를 통해서 실험도 해보면서 점차 능력을 키워 가면 좋겠습니다.

(시도자) 이 체크란 것도 한 두 번해서는 안 되는가 싶어서 한 번씩 해보았는데 그러는 중에 몇 가지 다른 경우를 느꼈습니다. 어떤 때는 '이렇게 되면 좋겠다.'라고 바라는데 강하게 '아니오'라고 나오기도 하고, 어떤 때는 '이렇게 되면 좋겠다.'라고 바라면 그 답이 분명히 안 맞는 답인데도 '예'로 나오기도 합니다. 그런 때에 나 자신을 보면 분명히 다른 점

이 있는 것을 발견했습니다. 나 자신이 氣가 허한 상태에 있다든가 혼동된 상태에 있을 때는 희미하게 나타나고, 정신적이든 육체적이든 건강한 상태에 있을 때는 '이렇게 되었으면 좋겠다.'라고 바라는데도 강하게 '아니오'라고 나타납니다. 그래서 ○력이 밑받침이 되어야 한다는 말씀을 어떤 선배님께서 해주셨는데, 제 생각에는 총을 쏠 때에도 이 총알이 나가는 힘이 약하면 표적에 가지 못하고 앞에서 톡 떨어지고 마는데 힘이 강할 때는 그 표적에 가서 정확하게 꽂힙니다. 그래서 ○력이란 것은 이런 힘과 같다고 생각하는데 맞습니까?

이근○ : 그렇습니다.

(시도자) 제가 또 어떤 실험을 해 봤는데 어떤 분이 '지금부터 〜' 하는 형식으로 기술이라면서 글자를 쓰기에 저도 그것을 해 보려고 볼펜을 가만히 들고 있어보니 'ㅈ'字가 나오는 것 같았습니다. 그래서 이게 '지금부터'라는 말인가 보다고 생각해서 '지' 字를 쓰려고 하는데 'ㅣ'이 안 되었습니다. 만약에 사고하는 것도 힘이고, 또 집중하는 것도 힘이라면 내가 집중했을 때는 그대로 되어야 할 텐데 억지로 쓰려고 해도 안 되어서 억지로 볼펜을 그어 내리려니까 팽그르르 볼펜이 튕겨져 나갔습니다. 이때 저는 '지'라는 글자를 못 써서 서운한 것이 아니라 굉장히 강한 힘을 느낀 터라 감동스럽고 흥분된 상태였습니다. 그러한 때는 분명히 내 의식과 관계없이 의식 이상을 지배하는 어떤 힘이 작용했다고 생각됩니다. 그 힘이 무엇이냐고 물었더니 '력'이라고 말씀해 주셨습니다.

그 ○력이 무엇인지 자세한 설명을 부탁드립니다.

서정○ : 자기 안에도 관찰하는 자기가 있고 관찰되는 자기가 있듯이 그 ○력이 누구의 ○력이냐 하는 구분도 필요하지만, 그 ○력이란 것은 가장 근원적인 힘이며 복합적이고 총체적인 힘이라고 할 수 있습니다. 즉, 자기가 존재하기 위한 근본적인 힘일 수도 있고, 자기 목적을 성취하기 위한 제반적인 힘일 수도 있고, 어떤 대상과의 관계를 조화롭게 하고자 하는 힘일 수도 있습니다.

(시도자) ○력이란 것이 깊은 깨달음을 얻고, 이 우주의 모든 사물을 이해해 나가는 가장 근본적인 힘이라는 것으로 알겠는데, 좀 더 쉽게 설명해 주셨으면 합니다.

이두○ : 쉽게 말하자면 가장 근원적인 회전력이라고 할 수 있습니다.

(시도자) 그러면 만약에 내가 몸을 계속해서 뱅글뱅글 돌린다면 그것도 ○력이 됩니까?

이두○ : 몸을 돌리는 것은 운동이지 회전력이라고 말하기는 힘듭니다. 몸을 돌리는 것을 ○력이라고 할 수 있는 경우는 근원에서부터 나오는 방향대로 돌려주면 ○력이 됩니다.

**큰스승님 :** 그에 대해 나는 이렇게 말씀드리고 싶습니다. 이 우주에 존재하는 모든 것은 대단히 복합적인 상태로 존재하고 있습니다. 그렇게 복합적이기 때문에 각기 다른 기장(氣場)을 지니고 있습니다. 그런 필드(field)를 지니고 있는 것은 다른 필드와는 항상 대별이 됩니다. 그러나 가장 순수한 것을 찾았을 때는 어느 것에나 순수한 것이 작용하기 때문에 대별이 안 됩니다. 예를 들어서 내가 어떤 그릇을 하나 가지고 있을 때는 큰 그릇과 작은 그릇의 구별이 되는데, 그 그릇을 유지하고 있는 것이 규소성분이라고 가정한다면 규소의 원자작용으로 포함됩니다. 어떤 모양이든 어떤 크기이든, 또 덜 굽혔든 많이 굽혔든 관계없이 다 통하고 있는 힘이 되는 것입니다. 그래서 이 우주의 삼라만상이 복합적으로 존재하면서 각기 다른 장을 지니고 있지만 그 장(場)을 구성하는 가장 순수한 존재, 그것을 '○'이라고 하고, 그 ○이 지닌 순수한 힘을 '○력'이라고 하는데, 그것은 가장 순수하고 근원적이기 때문에 모든 것에 다 작용됩니다. 만약에 그것이 어떤 복합체가 되어야만 하는 것이라면 그런 복합체를 못 이룰 때는 없는 것이 됩니다. 오늘날의 사람들이 모든 것을 계속 분해해 들어가면서 DNA, 분자, 원자, 쿼크... 해서 들어가고 있지만 아직까지 우리가 말하는 ○이라는 개념에는 미치지 못하고 있습니다. 우리 인류는 지금까지 가장 궁극적인 요소, 가장 순수한 요소를 찾기 위해 부단히 노력했다고 생각합니다. 언젠가는 반드시 찾아낼 것입니다. 만약에 그것을 찾아냈을 때는 어떻게 될까요? 결국 우리는 불생불사(不生不死), 나고 죽음이 없는 상태에 이를 수 있다고 생각합니다. 복합적인 존재는 복합적으로 구성

되었을 때에만 존재합니다. 그것이 와해되어버리면 파괴되고 존재가 없어집니다. 그러나 가장 순수한 것은 아무리 쪼개어도 남게 됩니다. 그것이야말로 불생불사의 요소입니다. 그래서 지금 인류가 찾고자 하는 것이 바로 '가장 궁극적인 요소'이며, 그것을 찾고자 하는 것은 영생불사(永生不死) 하겠다는 것이고, 영원히 쓸 수 있는 에너지원을 찾으려는 것입니다. 다만 지금 현재의 방법, 계속해서 원자를 가속시켜서 깨고, 또 깨면서 영원히 깨어지지 않는 요소를 찾고 있는 그 방법은 전혀 불가능한 방법은 아니겠지만 그것만으로는 안 됩니다. 순수한 ○이란 것은 그렇게 깨고, 깨고 깨어보는 그 속에 있는 것이 아니라 이 우주 전체를 유지하고 있는 ○에 있는 것입니다. 그러니까 이 속에서는 수없이 나고 죽고 하지만 전체로는 깨어지지 않는 상태입니다. 그것도 역시 ○인 것입니다. 그래서 온 우주를 다 싸고 있는 깨어지지 않는 존재, 그것을 우리는 '우주천주'라고 하고, 한 개체 개체의 깨어지지 않는 존재는 '우주천주○'이라고 해서 전체적인 의미와 개체의 의미를 분리하고 있습니다. 우리는 '우주천주'와 '우주천주○' 사이에서 우주천주와 우주천주○의 정보를 씨앗처럼 지니고 있다고 해서 '우주천주씨($\frac{O}{\tilde{+}}$씨)'라고 합니다. 그러한 우주천주씨를 어떤 통로, 어떤 과정을 통해서 온전하게 함으로써 우리가 '온전한 우주천주'가 될 수 있다는 목표를 세워 놓고 하는 것이 이 공부입니다. 결국 ○력이란, 온 우주를 구성하는, 즉 영원히 존재하는, 깨어지지 않는, 그 속에서는 부단히 나고 죽고 하지만 전체로는 안 깨어지는, 또 아무리 깨고, 깨서 근원에 들어가도 그 존재는 안 깨어지는, 극미의 세계에도 있고 극대의 세계에도 동시에 존재하는 힘인 것입니다.

불교에서는 '불가설불가설 불찰극미진수(不可說不可說 佛刹極微塵數)라 하여 일체세계에 부처님이 계신다고 합니다. 말로는 도저히 설명할 수 없는 극미의 진수 속에 나고 죽고 아무리 해도 영원히 변화하지 않는 실체가 그 안에 있다고 설명하고 있습니다. 어쩌면 우리는 그것을 증득(證得)하려는 노력을 하는 것인지도 모릅니다. 온갖 현상을 일으키면서 이합집산(離合集散)하며 생성, 소멸하는 그 법칙을 그대로 가지는 것, 또 아무리 쪼개어도 더 이상 쪼갤 수 없는 영원불변의 그것, 그것을 찾으려는 노력일 것입니다. 만약에 우리가 거기에 이른다면 불교의 열반(涅槃)과 같은 것이 될 것입니다. 현대과학에 '**질량불변의 법칙**'이란 것이 있었습니다. 그러다가 어느 때에 깨어졌는데, 지금은 다시 그 질량불변의 법칙이 적용되고 있습니다. 우리 시각의 지평이 열림으로 해서 여기까지가 끝이라고 봤던 것이 더 열어보니까 아니더라는 것입니다. 우리가 이 우주를 온전하게 이해하기 위해서 가장 중요한 것은 우리의 시각의 지평을 확대시켜가야 한다는 것입니다. 시각의 지평을 열어가고 늘려가기 위해서는 자기에게서 웅크리고 가두고 고집하고 붙잡고 늘어지는 마음을 지니고 있어서는 안 됩니다. 그런 마음을 가지고 있으면 그것이 자기에게서 굳어져서 시각

---

1. 질량불변의 법칙 : 화학반응의 전후에서 반응물질의 전질량(全質量)과 생성물질의 전질량은 같다고 하는 법칙이다. 1774년 프랑스의 화학자 A.L.라부아지에에 의해서 발견되고, H.란돌트(1908)와 L.외트뵈시(1909)에 의해 실험적으로 검토되어, 실험오차의 범위 내에서 충분히 성립된다는 것이 증명되었다.

이 안 열립니다. 마음의 문을 열고 생각에 자유를 주어야 합니다. 그래야 우리는 새로운 세계를 볼 수 있고, 우주를 온전히 이해하고 깨달을 수 있는 것입니다.

#  부록 1

한울 김준원 큰스승님의
깨달음과 사상제도

한울 김준원 큰스승님은 1977년 겨울, 우주를 움직이고 있는 보이지 않는 의지를 궁구하던 중 깨달음에 이르셨다. 그 후, 그 깨달음을 확인하고 증명하기 위해 여러 분야에 걸쳐 실험하고 적용해 보셨다. 처음에는 식물에서 시작하여 점차로 곤충과 동물, 천기(天氣)와 지기(地氣) 등에 적용해 보셨다. 식물의 성장을 촉진하거나 억제시켜 보기도 하고, 송충이를 다른 곳으로 옮겨보기도 하셨다. 그러던 중, 1978~1979년 즈음에는 환자의 치료에 적용하여 온갖 고질적인 병들을 치료하셨고, 사람의 수명을 연장시키기도 하셨다. 또한 무술에도 적용시켜 氣조종법을 기반(基盤)으로 하는 '○계 우리무술'을 창안하여 지도하기도 하셨다. 그리고 전국 각지를 다니면서 억울하게 갇혀 있는 영들을 풀어주기도 하시고, 해를 끼치는 영들을 소환하여 감금시키기도 하셨다.

이런 실험과 적용을 통해서 명확한 결과를 드러냄으로써 깨달음을 구체적으로 확인한 후 1978년 8월 30일, 세상 심판사무와 구제사무에 대한 자각(自覺)을 하게 되었으며, 그때부터 2년 동안 심판과 구제사무를 위한 공부에 들어가셨다.

1979년 3월 1일, 심판사무를 위한 공부를 위해 전라남도 해남의 대흥사(大興寺)에 들어가셨는데, 깊은 명상을 하던 중 인류에게 닥쳐올 미래를 감지하게 되셨다.

심판사무 공부 중에 인간의 한계에 대한 확인을 여러 번 하셨다. 1978년 겨울에는 '인간이 반드시 음식을 먹어야 살아가는가?', '음식을 먹지 않고 얼마나 버틸 수 있는가?', '나의 깨달음으로 음식을 먹지 않고 살아갈 수는 없는가?' 하는 여러 가지의 의문을 풀기 위해 직접 체험하기로 하시고, 20일 동안 물과 소금 외에는 아무 것도 섭취하지 않은 채 눕지도 않고 앉은 자세로 수행하셨다. 이 금식기간 동안 앞으로 인류에게 전개될 미래를 미리 보게 되셨다. 금식기간 중에 보았던 장면들이 환상이기를 바랐으나 현실 속에서 차례대로 진행되는 것을 확인하고는 여러 예언가들의 예언에 관심을 갖기 시작하셨다. 노스트라다무스의 예언 중에 1999년 7월에 인류가 대재앙을 겪는다는 내용을 본 후, 인류의 미래에 대해 크게 걱정하며 세상제도의 필요성을 더욱 자각하게 되셨다. 이후 세상제도에 본격적으로 착수하셨다. 인간의 미래는 예언이 아니라 스스로 개척해 나가는 것이란 사실을 몸소 증명해 보이셨다.

그 후, 세상의 '체제와 전쟁'에 심판의 초점을 맞추고 끊임없이 세상을 살피면서 제도를 계속하셨다. 그리고 2003년 12월 21일, **모좌행**을 선언하며 다음과 같은 말씀하셨다.

"앞으로 다가올 인류를 위협하는 미지의 위험에 대해 어느 누구도 예측하지 못하고 대비하는 자도 없다. 그래서 내가 직접 ○계의 내 모좌로 가서 세상 멸망의 프로그램을 변경하려는 것이다."

---

1.모좌행 : 우주의 근원이요 본질은 '○'이다. ○은 우주만물의 구성 소(素)로서 모든 것의 시원(始原)이며, 모든 가능성과 힘과 정보를 지니고 있는 우주 실체이다. 이러한 ○들이 모인 계를 '○계'라 하는데, ○계에는 모좌가 있어 우주만물을 창조, 운행한다. 즉, 아버지의 얼을 받아 어머니의 알이 깨어나 몸이 되듯이, ○계 모좌에서 ○들이 어울려 '영'이 되어, 부모를 통해 이 세상으로 오게 되며, 명이 다하면 다시 모좌를 통해 ○계로 돌아간다.
큰스승님의 '모좌행'은 우주○계로의 회귀(回歸), 즉 근원으로 되돌아감을 의미한다.

그 후 3개월간 제자들의 마지막 지도를 마친 후, "앞으로 사람의 때가 가고 주의 때가 올 것이다."라는 말씀과 함께 제자들에게 세상제도를 이어갈 것을 당부하시고, 2004년 10월 28일 모좌에 드셨다.
 한울 김준원 큰스승께서 주도하신 세상제도의 역사는 《세상제도집》(全4권)에 수록되어 있다.

# 부록 2

한울 김준원 큰스승님의 어록

## '참을 찾을 사고(思考)'

유한한 인간은 자신이 서 있는 위치에서 출발하여 자신의 지식과 경험, 또는 이해의 영역에서 제한받고 있다. 그러므로 자신을 넘어선 우주의 통일성에 대한 이해와 연결할 수 없으면 단지 거대한 나무의 작은 한 잎의 떨림에 지나지 않는다.

유한한 인간이 모든 외부적 계시를 차단하고, 절대적이고 객관적인 우주적 지성을 받아들이지 않는다면 궁극적 통일성의 가치를 알 수 없게 된다.

자신이 주장하는 모든 명제들이 진리와 부합되지 않을 때 그것은 의미가 없어진다. 따라서 주관성을 버리고 관찰자로서의 객관성을 적용하여야 할 것이다. 만약 그것이 외부현실과 전혀 무관하다면 심리적 장난일 뿐이며, '사랑하기', '용서하기', '감사하기'는 단순히 세련되었거나 훈련된 것에 지나지 않을 것이다.

우리가 고통의 문제에 대한 해답을 찾아내지 못한다면 우리를 노크하는 것이 '빛의 천사'인지, '심리적 장난'인지를 알아낼 방도가 없다. 여기에 통제할 수단이 없다면 그것은 합법성을 향하면서 다른 정당성을 무시함으로써 자신의 내부에서 폭력적 요소로 커가고 끝내는 자기 파멸을 하고 마는 것이다. 그러므로 질서있게 행할 초월적 통제 수단인 우주적 지성의 계시가 필요한 것이다.

진정 무엇이 이 우주를 움직이는가.

그것을 관찰하는 데 있어 시작할 때와 멈출 때에 대하여서는 민감하면서도 일단 움직이고 있는 사물들에 대하여는 점점 무관심해져 감으로 진정한 실체를 관찰하기가 어려운 것이다.

우리가 평소에 공기를 의식하지 못하다가 공기가 없어졌을 때 공기의 필요성을 의식하는 시행착오를 하듯이 진리 또는 절대자를 시작과 끝에서 찾으려 함으로써 태초의 이야기나 말세의 이야기에 관심을 집중하는 시행착오를 범하게 되는 것이다.

우리는 태초나 말세보다 지금 이 순간에 존재하는 모든 사물들에 대하여 관심을 갖고 관찰해야 한다. 그들로부터 현재에 존재하는 절대자에게 점점 가까이 다가가야 하며, 그가 인류에게 비추어주는 계시에 대하여서도 이해의 영역을 넓혀가야 한다.

지금의 모습은 지금까지의 모든 모습을 담은 현재의 한 단면이다.

그러므로 우상(偶像)을 만든다는 것은 자기의 과거에 묶어두려는 의도일 뿐 앞으로 그와 함께하기를 거부하는 것이 되고 만다. 우리 속에서 우리와 함께하고, 그의 속에 우리가 함께하기를 허용하는 그가 '절대자'인 것이다.

절대자인 그는 모든 개체성을 초월하고, 한 단면으로 제한하여 보지 않으므로 통일성을 지니고, 모든 개체적 가치와 선악을 초월하여 우주적 통찰자로서 모든 사물을 이어서 주관하고 있는 것이다. 그러므로 현재 이전의 모든 모습과 행위와 실체는 사라져도 현재의 것을 유지하는 지주(支柱)로서 잉태되어 있거나, 역사적 차원에서 침묵해 주고 있을 뿐 멸하여지지 않는 것이다.

우리에게 전개되는 현재 속에 이성이나 희로애락이, 충성이나 배반의 고통이 이미 들어 있다. 태어날 때 이미 죽음이 잉태되어 있고, 죽음에 새로운 생명이 잉태되어 있다. 현재의 강도나 도박꾼 속에 부처나 그리스도가 잉태되어 있으며, 수도자 또는 달관자의 속에 강도나 탐욕의 검은 손이 들어 있을 수도 있다.

그것들이 때가 되면 꽃이 피듯,
고치 속에서 애벌레가 나비가 되어 나오듯,
이미 내포하고 있던 것이 그때에 이르러 나타나는 것!
다만 아직 꽃 피지 않았을 뿐……
다만 아직은 숨어 있을 뿐……

속을 보아야 한다.
이어서 보아야 한다.
뚫어볼 수 있어야 한다.
뚫어볼 수 없다면 깨어져봐야 하는 시행착오를 거듭해야 한다.
수많은 깨어짐!
이것으론 되지 않는다.
왜냐하면 우리는 여러 번 죽어볼 수 없고,
동시에 여럿이 될 수 없고,
동시에 여러 형태를 취할 수 없기 때문이다.

우리는 극히 제한된 속에 살고 있다.
극미(極微)의 세계나 극대(極大)의 세계는 볼 수 없을뿐더러 무한

소(無限素)의 세계나 무한대(無限大)의 세계는 우리의 사고나 감각으로는 닿을 수 없다.

  무한소의 세계, 무한대의 세계 또는 그 너머의 초월계(超越界)에서 무슨 일이 계획되고 일어나고 있는지 우리는 알 수 없다.

  우리는 그와의 만남을 사실이나 사고(思考)로써는 알 수 없으므로, 그의 움직임인 기(氣)작용을 통하여 만나고 그와 함께 함으로써 우리를 제한하고 있는 경계를 넘어서는 시도를 해야 하는 것이다.

  이때에 스스로 제어하고 행하게 하는 우주적 지성에 강한 충격과 흥분과 고통과 번민이 있을 것이다. 새롭게 변해가는 자신에게 스스로 당황해 하기도 할 것이다. 그러나 우리의 경계를 뛰어넘는 순간에 우리는 초월자가 되어 경이롭게 자기의 벗겨진 허물을 내려다보게 될 것이다.

# 토대를 튼튼하게 하는 표

- 토대가 튼튼해야 무너지지 않고 소망하는 바를 이룰 수 있습니다.
- 삶의 토대는 물론, 몸과 정신과 영혼도 토대를 튼튼히 해야 합니다.
- '토대를 튼튼하게 하는 표'는 귀하의 토대를 튼튼하게 하여 줍니다.
- 이 표는 觀無見선생이 독자에게 드리는 선물입니다.